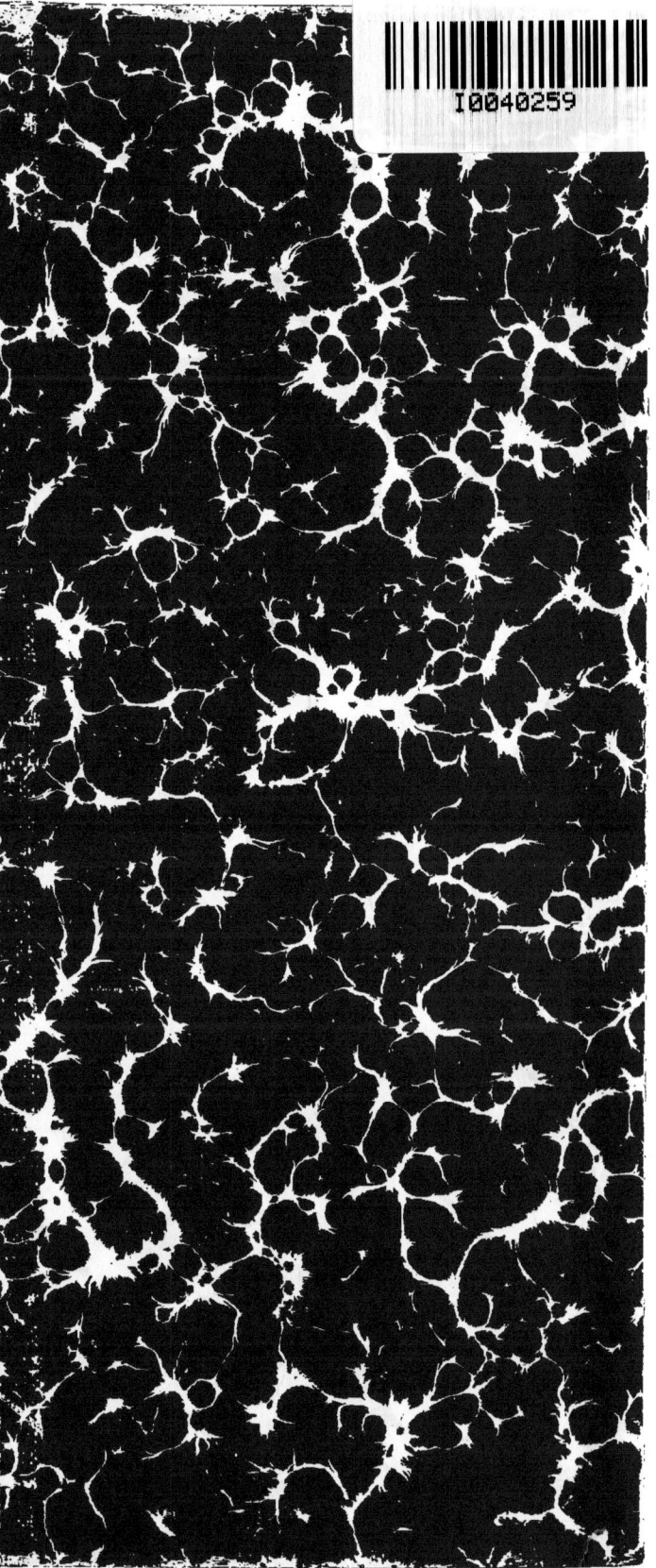

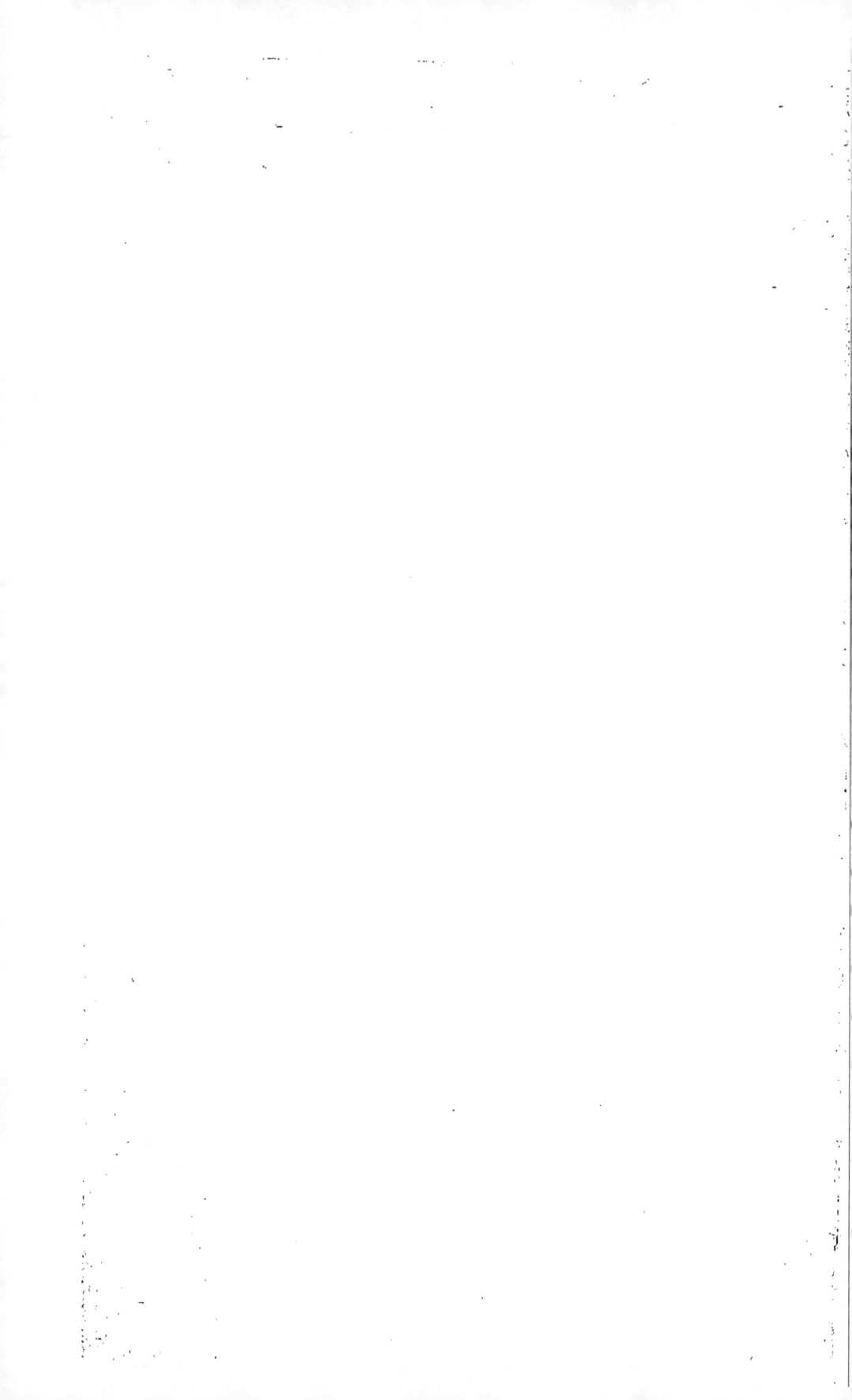

FACULTÉ DE DROIT DE PARIS.

DU BÉNÉFICE D'INVENTAIRE

THÈSE POUR LE DOCTORAT

Présentée et soutenue le mercredi 10 avril 1872, à 2 heures

Par Léon DUBARLE

Avocat à la Cour d'appel de Paris.

PARIS

A. PARENT, IMPRIMEUR DE LA FACULTÉ DE MÉDECINE

31, RUE MONSIEUR-LE-PRINCE, 31.

1872

FACULTÉ DE DROIT DE PARIS.

DU BÉNÉFICE D'INVENTAIRE

THÈSE POUR LE DOCTORAT

Présentée et soutenue le mercredi 10 avril 1872, à 2 heures

PAR Léon DUBARLE

Avocat à la Cour d'appel de Paris.

Président :	M. Labbé,	Professeur.
	MM. Colmet-Daage,	
Suffragants :	Duverger,	Professeurs.
	Colmet de Santerre,	
	Boistel,	Agrégé.

Le Candidat répondra en outre aux questions qui lui seront faites sur les autres matières de l'enseignement.

PARIS

A. PARENT, IMPRIMEUR DE LA FACULTÉ DE MÉDECINE

31, RUE MONSIEUR-LE-PRINCE, 31.

1872

DROIT ROMAIN

INTRODUCTION.

Le bénéfice d'inventaire était inconnu à Rome, au temps de la République.

Le vieux droit civil, si sévère dans ses principes, si rigoureux dans leurs conséquences, et qui faisait de l'hérédité un droit pour le *de cujus* et un devoir pour l'héritier, « uti legassit super pecunia tutelave suæ rei ita jus esto », était incompatible avec une institution qui aurait donné à l'acceptation de cette hérédité un caractère exclusivement intéressé. La continuation de la personnalité du défunt par la personnalité de son héritier, le désir de préserver sa mémoire de la honte de l'infamie, le soin de donner à la famille un nouveau pontife, et de ne pas laisser les autels de ses dieux sans culte, voilà le seul souci du législateur de la loi des Douze-Tables, voilà sa préoccupation constante et le but de tous ses dispositions, et l'on comprend, en présence de ces intérêts à la fois politiques et religieux, l'oubli volontaire où il laissa tomber les intérêts matériels.

1

La famille avait son chef, elle avait son magis-
trat, elle avait son pontife, la place laissée vide par
la mort était occupée, les sacrifices sacrés ne
seraient pas interrompus ; le but du législateur
était atteint ; peu lui importait les mécomptes de
la cupidité et de l'avarice, et il crut avoir suffisamment garanti la liberté des étrangers appelés
à l'hérédité par l'affection ou le calcul, en leur
réservant le droit de renoncer à cette hérédité.

Voilà le droit de la loi des Douze-Tables.

Sous Justinien, tout est changé ; la vieille famille
romaine n'existe plus ; son caractère religieux et
politique a disparu, la nature a repris en quelque
sorte ses droits, la transmission des biens est l'intérêt dominant de l'hérédité.

Il n'était plus logique de placer l'héritier entre une
acceptation imprudente ou une renonciation aveu-
gle ; sa volonté devait être éclairée, et c'est alors
que nous voyons apparaître pour la première fois
le bénéfice d'inventaire dans la constitution *Scimus*,
au Code, *De jure deliberandi* (liv. 6, tit. 30, loi 22).

Cette transformation si complète n'était pas
l'œuvre d'un homme ; elle était due au temps, à
la jurisprudence des préteurs, aux travaux des
prudents.

Notre travail serait incomplet si nous le limitions
à l'étude de la loi 22. Il est intéressant de voir, en
opposition directe avec la loi, surgir un besoin
dans la vie d'un peuple, aussi docile observateur

des vieilles coutumes que le peuple de Rome ; de le suivre dans ses manifestations diverses, de l'étudier dans les satisfactions qui lui sont données, d'assister enfin à son triomphe.

Nous allons donc étudier dans une première partie les antécédents du bénéfice d'inventaire à l'époque classique ; nous allons rechercher quels expédients permettaient à l'héritier d'échapper aux conséquences désastreuses d'une hérédité imposée ou d'une renonciation imprudente, quels étaient en un mot ses moyens de défense.

La loi de Justinien fera l'objet d'une seconde partie.

CHAPITRE PREMIER.

DROIT ANTÉRIEUR A JUSTINIEN.

Le père de famille mourant doit laisser après lui un héritier ; il importe qu'il laisse un continuateur de sa personne, et que les autels des dieux de la famille ne restent pas sans culte.

Cet héritier, il a le droit de le choisir ; s'il se tait, la loi supplée à son silence et désigne l'héritier.

C'est là un principe fondamental du vieux droit civil.

Mais l'héritier du droit romain n'est pas seulement l'acquéreur à titre gratuit de la fortune du défunt, c'est son successeur dans toute la force du terme ; c'est le continuateur de sa personne juridique ; tous ses droits, il peut les exercer, toutes ses obligations il doit les remplir ; son rôle sur la terre, en un mot, il continue à le jouer.

De ce double principe que le père de famille ne doit pas mourir sans héritier, et que l'héritier prend la place du *de cujus*, « heres sustinet personam defuncti », le droit romain a tiré avec la sévérité de sa logique des déductions rigoureuses.

L'hérédité n'est pas une faveur qui vient toucher l'héritier; c'est, dans la plupart des cas, un devoir qui lui incombe. L'accomplissement de ce devoir peut entraîner à sa suite des conséquences désastreuses, l'héritier peut y perdre la fortune et l'honneur, il importait donc de ne pas le laisser maître de sa liberté, et le droit civil, logique, imposa aux héritiers l'acceptation de l'hérédité.

Tous cependant ne sont pas astreints à cette règle rigoureuse; quelques-uns devant la loi et la volonté du mourant restent les maîtres de leur volonté et sont libres d'accepter ou de répudier l'hérédité.

Il y a donc plusieurs classes d'héritiers :

« Heredes autem aut necessarii dicuntur, aut « sui et necessarii, aut extranei. » Just. Int., lib. II, t. 19.

Les héritiers sont :

Nécessaires,

Ou siens et nécessaires,

Ou volontaires.

Nous allons en quelques mots étudier ces trois classes et chercher par quels expédients l'usage, les préteurs ou le droit impérial parvinrent à soustraire les héritiers aux obligations rigoureuses du droit civil.

I. *Des héritiers nécessaires.*

L'héritier nécessaire est l'esclave propre du testateur, qui, par la volonté exclusive et libre de son
maître arrive à la fois à l'hérédité et à la liberté.
C'est là une condition indispensable de l'institution
d'un héritier nécessaire; la même volonté doit au
même instant le faire héritier et libre « omnimodo
« post mortem testatoris protinus liber et necessa-
« rius heres fit. » (Inst. Just., II, 19). Il en résulte
que tout esclave qui, institué héritier par son
maître, arrive en même temps à la liberté pour
toute autre cause (engagement antérieur du maître,
découverte de son meurtrier, etc.) n'est pas un
héritier nécessaire. Dig., loi 84 et loi 90, lib. 28, t. 5.

Le *de cujus*, doit avoir sur cet esclave le *domi-·
nium ex jure Quiritium.*

L'esclave devient héritier au moment même où
l'hérédité lui est déférée ; elle s'impose à lui sans
son consentement et même à son insu ; absent,
ignorant de la mort de son maître, insensé, infame,
peu importe ; le maître a parlé, il est héritier :
c'est donc bien là un héritier nécessaire.

« Sic appellatus quia sive velit, sive nolit.... heres
« fit. » (ld.)

Le testament seul institue les héritiers nécessaires.

Quel est le but de l'institution d'un héritier

nécessaire et quel est son intérêt pratique? Il semble qu'avec le vieux droit civil qui étendait jusqu'aux agnats et aux gentils le droit à l'hérédité, le citoyen romain n'eût pas à craindre de mourir sans héritier. Un cas se présentait cependant :

Un père de famille insolvable meurt sans héritiers siens : les héritiers externes que sa volonté ou la loi lui donnent refuseront assurément d'accepter une succession aussi onéreuse. Que va-t-il arriver? Les créanciers, envoyés par le préteur en possession des biens de l'hérédité, les feront vendre en bloc aux enchères; et cette vente entraîne l'infamie du débiteur insolvable sous le nom duquel elle est faite. On comprend alors le désir du père de famille mourant, « qui suspectas suas facultates habet » (id.), de soustraire son nom et sa mémoire à la honte de l'infamie ; il institue son esclave, et ses craintes disparaissent, et sa mémoire sera respectée. Sa personnalité s'efface, l'héritier est là, c'est lui qui est insolvable, c'est lui que les créanciers poursuivront, c'est lui qui sera infame : « Ut « si creditoribus satisnonfiat, potius hujus heredis « quam ipsius testatoris bona veneant, id est, ut « ignominia quæ accedit ex venditione bonorum, « hunc potius heredem quam ipsum testatorem « contingat. » (Gaius, 2, comm., p. 154.)

Voici donc la première conséquence de l'hérédité, qui frappe l'esclave héritier nécessaire.

L'infamie l'attend.

Une autre, non moins rigoureuse, le menace.

Nous savons que la confusion la plus complète est la suite de l'hérédité : les biens et les dettes du défunt se confondent avec les biens et les dettes de l'héritier; il n'y a plus qu'un patrimoine unique, et ce patrimoine tout entier est le gage des créanciers. Les biens de l'esclave, ceux que, devenu libre, il devra à son travail, serviront donc à éteindre les dettes de son auteur; l'infamie et la misère, voilà le sort qui lui est réservé, voilà les conséquences rigoureuses de l'institution d'un héritier nécessaire suivant le droit civil.

Quels adoucissements l'usage et les préteurs ont-ils apportés à cette situation ?

Sabinus était d'avis d'épargner l'infamie à l'héritier nécessaire : la vente en bloc des biens n'est pas la conséquence de son inconduite, « quia non « suo vitio, sed necessitate juris, bonorum vendi- « tionem pateretur. » — C'est un autre qui est le coupable, il est injuste de le frapper pour une faute qu'il n'a pas commise, la peine doit être juste.

Cette idée ne prévalut pas : « alio jure utimur, » dit Gaius (Inst., Comment. 2, p. 154). L'infamie continua de frapper l'eclave, et le législateur romain paraît trouver qu'à ce prix il achète encore la liberté à un assez bon compte. Qu'est-ce que l'infamie en présence de la liberté ! La réforme se fit cependant. Sous Justinien, la *venditio bonorum* (vente du patrimoine) a disparu, et la *bonorum distractio* (vente des biens en détail), qui la remplace, n'entraîne pas après elle l'infamie. Le seul inconvénient qui frappe encore l'héritier nécessaire, c'est de voir son nom mêlé à une procédure déshonorante.

L'autre conséquence de l'hérédité attira d'une façon plus sérieuse l'attention du préteur.

Il était inique de courber l'esclave héritier nécessaire sous les conséquences inévitables d'une situation qui lui a été imposée (1), et de le condamner à une misère contre laquelle il usera sa vie à se débattre.

L'intérêt d'un homme ne doit pas, en droit naturel, imposer à un autre homme une pareille torture.

Et le préteur qui, en face du droit de Rome, représente et fait triompher les idées d'un droit plus humain, vint au secours de l'esclave héritier nécessaire et lui accorda le bénéfice de séparation.

Bénéfice de séparation. — L'héritier nécessaire peut aller trouver le préteur et obtenir de lui la séparation des biens et des dettes du défunt, des biens et des dettes qu'il peut avoir ou aura dans la suite.

« Pro hoc tamen incommodo illud ei commo-
« dum præstatur ut ea quæ post mortem patroni

(1) Vinnius, De necessar. heredib., p. 412, lib. 2, tit. 19.

« sui sibi adquisierit ipsi reserventur; et quamvis
« bona defuncti non suffecerint creditoribus, ite-
« rum ex ea causa res ejus quas sibi adquisierit,
« non veneunt. » (Inst. Just., II, 19, p. 1.)

Le bénéfice de séparation détruit donc, en droit
prétorien, tous les effets de la confusion.

L'esclave est toujours héritier, il est toujours
tenu, selon le droit, des dettes de son auteur ; c'est
contre lui que seront intentées les poursuites, et
c'est sous son nom que les biens seront vendus,
mais le droit des créanciers s'arrête aux biens héréditaires, et le patrimoine actif du défunt répond
seul des obligations contractées par lui.

Quels sont les biens de l'hérédité ? En un mot,
sur quels biens les créanciers pouvaient-ils exercer
leurs droits ?

Tous les biens du testateur au moment de sa
mort, tous ceux qui, postérieurement, venaient
s'ajouter à sa succession, *ex hereditaria causa*, c'est-
à-dire tous ceux que l'esclave héritier acquérait
en tant qu'héritier et que successeur de son maître,
formaient le gage des créances héréditaires. Ainsi
le pécule profectice de l'esclave institué, ou encore
la succession d'un latin junien affranchi du testateur qui, par une fiction légale, perdait la liberté avec la vie, et dont les biens à sa mort
retournaient à son patron (Gaius, Comm. II, p. 58),
tout cela venait grossir la masse des biens héréditaires. (Gaius, Comm., II, p. 155.)

Sous Justinien, ce dernier exemple ne peut plus s'appliquer; il n'y a plus de latin junien. Mais le principe subsiste toujours.

Au contraire, l'héritier nécessaire sépare de la succession tout ce qu'il a acquis de son propre chef, par son travail ou par des donations, depuis qu'il est *sui juris* : « Quicquid postea adquisierit. » (D. lib. 42, t. 6, l. 1, p. 18,*de sep ar.*)

Ulpien ajoute dans cette loi qu'il peut aussi séparer ce qui lui est dû par le testateur, « sed « et si quid ei a testatore debetur. »

Que veulent dire ces mots? Qu'est-ce que cette dette du maître vis-à-vis de son esclave?

Quelques auteurs pensent qu'Ulpien a voulu parler des créances naturelles que l'esclave pouvait avoir contre son maître. Nous savons, en effet, que des obligations naturelles peuvent exister entre personnes dépendantes l'une de l'autre, « quia, quod ad jus naturale attinet, omnes ho- « mines æquales sunt. » (Ulp., loi 32; Dig., lib. 50, tit. 17.)

Nous repoussons cette opinion dans la plupart des cas; et, en effet, ces créances entraient dans le pécule de l'esclave; elles en constituaient une partie, et nous savons que le pécule n'appartient pas à l'esclave, mais que les créanciers du *de cujus* ont un droit direct sur les biens qui le composent. Pourquoi une distinction que rien ne justifie entre les biens et les créances?

Cependant nous pensons, avec M. Labbé (1), qu'on peut supposer le cas d'une créance naturelle, produite en faveur de l'esclave contre son maître par toute autre cause que l'administration du pécule ; si, par exemple, le maître, reconnaissant envers son esclave qui lui a sauvé la vie, s'engage à lui payer dans tous les cas une rente viagère : il y a là une créance naturelle qui n'entre pas dans le pécule, que l'esclave pourrait faire valoir contre l'héritier de son maître, qui, lorsqu'il est lui-même héritier, s'étendrait par confusion, et que la séparation aura pour effet de lui conserver.

De même, nous verrons une application de la loi qui nous occupe dans le cas où le maître, institué héritier par un tiers, a été grevé envers son esclave d'un legs, sous une condition quelconque, qui vient à s'accomplir, l'esclave étant devenu *sui juris ;* ainsi le legs a été fait sous cette condition : si l'esclave devient libre. Le testament fait du même coup l'esclave libre et créancier de son maître (2).

Le bénéfice de séparation aura pour effet de lui conserver sa créance.

Le bénéfice de séparation s'obtient sur la demande de l'héritier par un décret du préteur ou du président. « Prætoris erit vel præsidis notio,

---

(1) M. Labbé, Confusion, p. 235.
(2) M. Machelard, Obligations naturelles, p. 192.

« nullius alterius... » (Dig. lib. 42, tit. 6, loi 1,
p. 14.)

Pour que ce bénéfice pût être obtenu, il fallait
que l'héritier n'eût pas encore touché aux biens
de l'hérédité, « scilicet si non attigerit bona pa-
« troni. » (Id., p. 18.) La confusion de fait entraînait la confusion de droit, à moins cependant que,
mineur de 25 ans, il ne pût se faire restituer
contre son immixtion. (Dig., loi 7, p. 5, lib. 4,
tit. 4, *de minoribus.*)

II. *Des héritiers siens et nécessaires.*

Les héritiers siens et nécessaires sont les enfants
institués héritiers qui, au moment de la mort du
père de famille, se trouvaient sous sa puissance
paternelle : ainsi le fils et les descendants de ce
fils qui ne sont pas sortis de la famille, « sui autem
« et necessarii heredes sunt, veluti filius filiave,
« nepos neptisve ex filio, et deinceps ceteri liberi
« qui modo in potestate morientis fuerint. » (Inst.,
p. 2.)

L'institution et la puissance du père de famille,
voilà donc les conditions qui font, dans le droit
testamentaire, un enfant héritier sien. Si cet enfant est précédé dans la famille par son père, et
que ce dernier soit exhérédé, il n'en sera pas
moins héritier sien ; seulement, ce n'est pas pour
lui qu'il acquerra l'hérédité, mais pour son père

exhérédé. C'est ce que décide Ulpien : « Si nepos
« ex filio exheredato heres sit institutus, patrem
« enim suum sine aditione faciet heredem, et qui-
« dem necessarium.» (Loi 6, p. 1; D., lib. 29, tit. 2.)

Si la succession est déférée *ab intestat*, pour être
héritier sien, il faut de plus être, au moment de
la mort du père de famille, sous sa puissance im-
médiate; il faut, en un mot, devenir à la fois *sui
juris* et héritier. Le petit-fils ne peut donc être héritier sien *ab intestatque*, si son père, du vivant du
de cujus, a cessé d'appartenir à la famille.

« Ita demum tamen nepos neptisve, pronepos
« proneptisve suorum heredum numero sunt, si
« præcedens persona desierit in potestate parentis
« esse, sive morte id acciderit sive alia ratione, ve-
« luti emancipatione. » (Inst. Just., lib. 3, tit. 1,
p. 2.)

Les enfants étaient héritiers siens sans distinction de sexe ni de primogéniture; parmi eux, il
faut comprendre l'*uxor* qui, étant *in manu mariti*,
se trouvait par là même *in loco filiæ familias*.
(Gaius, II. Comm., p. 159.)

Nous ne nous arrêterons pas aux questions que
soulèvent les *Institutes ;* et nous laisserons de côté
les détails qu'ils donnent sur l'héritier sien prison-
nier de guerre, et sur l'héritier sien du citoyen romain condamné pour un crime de *perduellio*. (Id.,
p. 4, 5.)

Ces héritiers sont appelés héritiers nécessaires

parce que l'hérédité leur est imposée et qu'ils sont investis sans adition, bon gré, malgré, « quia « omnimodo, sive velint sive nolint, tam ab intes- « tato quam ex testamento heredes fiunt. (Inst. Just., lib. 2, t. 19, p. 2.)

Mais que signifie l'expression : héritiers siens? Selon quelques auteurs, les deux mots *suus* et *heres* ont chacun une valeur propre et une signification distincte. On est *suus*, c'est-à-dire on est sous la puissance paternelle du *de cujus ;* on devient *heres* par la volonté du testateur ou la loi, et on est ainsi *suus heres.*

L'explication est ingénieuse ; elle s'appuie sur des textes où l'on trouve l'expression *suus* isolée de celle de *heres.*

Cependant, nous ne croyons pas cette éthymo- logie juste.

Les esclaves qui sont les choses du maître, qui, à ce titre et par rapport à lui, sont bien siens, nous ne les voyons pas appelés héritiers siens.

C'est qu'en effet une toute autre idée, suivant Justinien et Gaius, se trouve sous l'expression hé- ritier sien.

« Ideo appellantur, quia domestici heredes sunt « et vivo quoque patre quodammodo domini exis- « timantur. (Id.)

Les membres d'une famille forment en quelque sorte une société sous l'autorité toute-puissante du *paterfamilias ;* pas de biens distincts, mais un patrimoine commun, que chaque membre contribue à augmenter ; il en résulte une sorte de copropriété ; et l'héritier sien arrivant à l'hérédité se succède en quelque sorte à lui-même, devient *sui heres ;* c'est là une façon de parler pour indiquer cette sorte de copropriété, dont l'effet est, suivant Paul, de donner à l'héritier, non pas une hérédité, mais la libre administration de ses biens. (Paul, loi 11, Dig. lib. 28, t. 2.)

L'héritier sien est nécessaire ; il arrive à l'hérédité de plein droit, sans adition, sans besoin de consentement, s'il est absent ; sans besoin d'autorisation, s'il est mineur.

Les conséquences sont les mêmes que pour l'héritier nécessaire ; il est tenu de toutes les dettes de son auteur ; elles sont plus injustes encore, car il n'acquiert pas le grand bien de la liberté. Si le défunt est insolvable, l'hérédité n'apporte donc à l'héritier sien que la ruine.

C'est un devoir rigoureux.

Le même besoin se fit sentir de remédier aux inconvénients d'un droit civil trop sévère, et le préteur introduisit le bénéfice d'abstention.

Bénéfice d'abstention. — « Sed his prætor per- « mittit abstinere se ab hereditate ut potius paren- « tis bona veneant. » (Gaius, II, Comm., p. 158.)

Par le bénéfice d'abstention, les biens que peut avoir l'héritier sien (*pécules castrense, quasi castrense,*

2

adventice), sont séparés de la succession et échappent aux poursuites des créanciers.

C'est par le silence que l'héritier sien obtient ce bénéfice; il n'a pas, comme pour le bénéfice de séparation, de démarches à faire devant le préteur; il n'a rien à faire, rien à déclarer, rien à demander; il lui faut seulement rester dans l'inaction, ne pas s'immiscer dans l'hérédité, n'y faire aucun acte d'héritier, y rester étranger en un mot. « Suf- « ficit se non miscuisse hereditati. » (Ulp., Dig., lib. 29, t. II, loi 12.)

Est-il poursuivi par les créanciers, il leur opposera son abstention sous forme d'exception.

S'il détourne ou fait détourner un bien de l'hérédité, il perd son droit au bénéfice (Id., loi 71, p. 4, 5, 6, 7), à moins qu'il n'ait ignoré que le bien fût héréditaire. (Id., p. 8.)

Si cependant il a commis ce détournement après avoir manifesté son abstention, Sabinus pense que l'abstention reste valable, mais qu'il peut être poursuivi pour dol. (Id., p. 9.)

L'héritier sien impubère peut encore s'abstenir après une immixtion quelconque dans l'hérédité; on ne peut, en effet, lui opposer un acte qu'il ne pouvait faire. (Lib. 29, t. II, loi 57, pr.)

S'il est pubère, mais mineur de 25 ans, il devra obtenir une *restitutio in integrum*. (Id. p. 1.)

Quels sont les effets de l'abstention ?

D'après le droit civil, l'héritier sien ne cesse pas

d'être héritier ; il est héritier nécessaire ; personne
ne peut donc prendre sa place. D'après le droit
prétorien, au contraire, l'hérédité est répudiée, et
l'abstention donne ouverture à la succession *ab
intestat*.

De là des textes contradictoires, suivant les
points de vue sous lesquels on se place.

Si personne ne veut de la succession, les créan.
ciers se feront envoyer en possession, et les biens
seront vendus.

Mais ils seront vendus sous le nom du défunt,
et c'est lui que viendra frapper l'infamie.

Le préteur a ainsi épargné à l'héritier sien les
deux conséquences redoutables de l'hérédité imposée : l'infamie et la ruine.

L'héritier, qui s'est abstenu, peut revenir sur sa
décision et accepter l'hérédité aussi longtemps
que les biens n'ont pas été vendus par les créanciers.

Justinien limita à trois années le délai dans lequel le retour à l'hérédité était possible. (Loi 6,
Code, lib. 6, tit. 31.)

Ce délai ne court, pour les mineurs de 25 ans,
que du jour de leur majorité.

III. — *Des héritiers externes.*

L'héritier externe ou volontaire est l'héritier
qui arrive à la succession par la loi ou le testa-

ment, sans être sous la puissance du *de cujus*, au moment de sa mort.

« Ceteri qui testatoris juri subjecti non sunt « extranei heredes appellantur. (Inst., lib. 2, tit. 9, p. 3)

Cette classe comprend donc tous ceux qui sont appelés à l'hérédité sans être ni héritiers siens, ni héritiers nécessaires. Ainsi, dans le droit testamentaire, les enfants émancipés, les enfants de la mère par rapport à la succession de cette mère, les esclaves arrivant à la liberté par une autre volonté que celle du défunt, ou par celle du défunt mais avant sa mort (Inst. id.), et enfin tous les étrangers que l'affection du testateur appelle à l'hérédité ; et dans la succession *ab intestat*, les agnats, les gentils, le patron de l'affranchi, tous les membres de la famille naturelle, que le préteur trouva injuste d'exclure de l'hérédité, et à qui il accorda des *bonorum possessiones*.

Les héritiers externes sont héritiers volontaires; ils n'acquièrent l'hérédité, que de leur propre aveu, ils doivent en quelque sorte aller la trouver, faire adition. Maîtres de leur volonté, libres de leur choix entre l'acceptation et le refus, ils ne méritaient aucun intérêt, si leur calculs étaient trompés, et si les conséquences rigoureuses de l'hérédité venaient les frapper ; ils n'avaient qu'à refuser ! Aussi le préteur ne leur accorda-t-il aucun des deux bénéfices, dont nous avons vu

l'usage s'introduire en faveur des héritiers nécessaires et des héritiers siens; il n'avait pas à les
préserver contre eux-mêmes. Le droit civil s'appliquait dans toute sa sévérité.

Un texte, la loi 6, p. 1, lib. 42, tit. 6, Dig. *de
separationibus*, pourrait faire croire que l'héritier
externe avait droit au bénéfice de séparation. Il
nous dit en effet que le patron qui trouve dans
l'hérédité de son affranchie une succession insolvable, acceptée par elle, peut séparer par le bénéfice de séparation les biens de l'affranchie des
biens de la succession. C'est là une disposition
exorbitante, que justifie et qu'explique seul l'intérêt que le législateur romain portait au patron.
Ce n'est pas d'ailleurs le bénéfice de séparation,
tel que nous le voyons appliqué à l'esclave, puisque le patron, dans le cas cité, prend une partie de
l'hérédité de son affranchie.

Il n'y a donc pas là de généralisation à faire.

Mais nous allons rechercher si les héritiers volontaires ne pouvaient pas, à l'aide des ressources
qu'offre aux esprits fertiles et ingénieux l'étude
du droit, échapper aux conséquences d'une acceptation imprudente.

Et tout d'abord, nous devons dire que l'héritier
institué n'est soumis à aucun délai en ce qui con-
cerne l'adition de l'hérédité. « Extraneis autem
« heredibus deliberandi potestas est de adeunda
« hereditate vel non adeunda. » Tant qu'il vit, il peut

toujours prendre parti, tout le temps nécessaire lui est donc laissé pour réfléchir sur cette hérédité qui s'offre à lui, il peut l'étudier à loisir, rechercher quelles en sont les forces, les dettes et les valeurs, comparer l'actif au passif, et ne se décider qu'en parfaite connaissance de cause : sa volonté en un mot peut être réfléchie : c'est là un moyen naturel et logique de se soustraire aux conséquences d'une hérédité mauvaise.

Il est vrai que des inconvénients nombreux pouvaient résulter des retards qu'entraînait une trop longue hésitation de l'héritier; les sacrifices religieux étaient interrompus, les créanciers, les légataires, tous ceux qui devaient être appelés à l'hérédité à défaut de l'héritier souffraient également de cette incertitude ; et le législateur permit au testateur, de limiter le temps pendant lequel l'héritier pouvait délibérer; c'est là le but d'une institution particulière appelée : *cretio*.

« Extraneis heredibus solet cretio dari, id est
« finis deliberandi, ut intra certum tempus vel
« adeant hereditatem, vel, si non adeant, tempo-
« ris fine summoveantur ; ideo autem cretio ap-
« pellata est quia cernere est, quasi discernere et
« constituere. » (Gaius, II, 164.) La *cretio* devait
être imposée par le testateur en termes formels ;
après avoir institué l'héritier : « heres Titius esto.»
il devait ajouter dans son testament : Cernitoque
« in centum diebus proximis quibus scies pote-

« risque ; quod ni ita creveris, exheres esto. »
(Id. 165.)

Et si le délai s'écoulait sans que l'héritier eût
fait crétion, il perdait l'hérédité, malgré les actes
d'héritier, qu'il avait pu faire, (id. 166) ; au contraire, dans les limites du délai, il pouvait toujours faire cretion, eût-il déclaré renoncer à l'hérédité. (Id. 168.)

Le délai était généralement de 100 jours, il pouvait cependant être plus court ou plus long.
« Potest tamen jure civili aut longius, aut brevius
« tempus dari. » (Id. 170.)

Il courait, suivant la volonté du testateur, du
jour où l'héritier apprenait son institution (id. 171),
ou du jour du décès du *de cujus* (172).

La crétion fut supprimée en 407 par une constitution attribuée à Arcadius.

Pour l'héritier *ab intestat*, rien ne pouvait limiter en droit civil le temps de la délibération que
la crainte d'une usucapion *pro herede*. Nous
savons, en effet, que dans les premiers temps du
droit, pour engager l'héritier à une délibération
rapide, *ut essent qui sacra facerent* (Gaius, II, 55,) il fut
permis aux tiers possesseurs, sans bonne foi ni
juste titre, d'usucaper les biens héréditaires par
une possession de un an.

Cette usucapion finit par tomber en désuétude,
à cause de son caractère injuste et spoliateur (*im-
proba*).

Les préteurs introduisirent une autre mesure pour forcer l'héritier à prendre sans retard un parti. Il est facile, en effet, de comprendre l'impatience des créanciers, qui, avant l'adition ou le refus de l'hérédité, ne pouvaient être payés de leurs dettes ni se payer eux-mêmes en vendant les biens du *de cujus* : aussi le préteur fixa-t-il un délai dans lequel l'héritier serait tenu de prendre un parti. Ce délai était accordé non-seulement aux créanciers, mais aussi dit Vinnius, *de heredib.*, lib. 2, t. 17, à tous ceux dont l'intérêt était de voir l'hérédité acceptée ou repoussée dans un bref delai : «Sed eorum quoque gratia quibus interest « hereditatem statim aut adiri aut repudiari : » Ainsi les substitués et les appelés en deuxième ordre à la succession *ab intestat*, puta substitu- « torum eorum qui ab intestato venire possunt. »

Les créanciers de la succession ou autres intéressés pouvaient obtenir la fixation de ce délai sur leur demande en s'adressant directement au préteur : «Solet prætor, postulantibus creditoribus « hereditariis, tempus constituere intra quod « si velit adeat hereditatem ; si minus ut liceat « creditoribus bona defuncti vendere. » Gaius, II, 167. Le délai était alors imposé à l'institué.

Ce délai était aussi accordé à l'héritier sur sa demande ; actionné par les créanciers pour qu'il eût à se déclarer héritier, interrogé par eux sur la question de savoir s'il acceptait l'hérédité, il

obtenait du préteur un délai pour avoir le temps
de la réflexion : « Qui interrogatur an hcres, vel
« quota ex parte.. ad deliberandum tempus im-
« petrare debet ; quia si perperam confuessus
« fuerit incommodo adficitur. (Dig., lib. II, t. I.,
« loi 5.

Et ailleurs, Ulpien dit :

« Ait prætor, si tempus ad deliberandum petet
dabo. » (Dig. lib. 28, t. 8, li. 1, p. 1.)

Ce delai ne pouvait être moindre de 100 jours.
« Itaque pauciores centum dierum non sunt
« dandi. » (Id. loi 2.)

Pour le délai, l'héritier pouvait exiger la com-
munication des livres et papiers du défunt, devant l'éclairer sur la valeur de l'hérédité. Nous
verrons dans la loi 22, lib. 6, t. 30, qui fera l'objet
de notre deuxième chapitre, que Justinien étendit
ce délai, accorda à tout héritier trois mois pour
délibérer, et lui permit même d'obtenir des pro-
longations successives.

Si l'héritier laisse passer le délai sans prendre
parti, il est présumé renonçant, et les créanciers
pourront vendre les biens de l'hérédité. (Gaius,
Instit. 2, comm. 167.)

Voila ce que faisait la loi pour l'héritier externe.

C'était peu, et rien ne le préservait contre les
conséquences d'une acceptation imprudente; avait-
il accepté l'hérédité, tous les devoirs de l'hérédité

s'imposaient à lui, et devenu le successeur du défunt, il devait faire honneur à tous ses engage-
ments, et payer ses dettes même *ultra vires hereditatis*.

La loi se refusait à protéger l'héritier volontaire ; il fut réduit à se protéger lui-même, et il y
parvint. En menaçant les créanciers du défunt de
ne pas faire adition, il finissait par les amener à
composition, et par obtenir d'eux une garantie
contre les résultats fâcheux de l'acceptation d'hérédité.

Quels expédients étaient alors employés pour
arriver à cette garantie?

Nous trouvons dans le Code plusieurs procédés
adoptés par l'héritier.

Ce sont tous des arrangements conventionnels
survenant entre lui et les créanciers, et destinés à
mettre sa fortune à l'abri des poursuites.

Mandat. — Les créanciers pouvaient donner à
l'héritier mandat de faire adition à ses risques et
périls ; c'est ce que nous dit la loi 32, Dig. lib. 17.
t. 1 : « Si hereditatem aliter aditurus non essem
« quam cautum mihi fuisset damnum præstari, et
« hoc mandatum intercessisset, fore mandati ac-
« tionem existimo. »

Si l'hérédité acceptée était mauvaise, et si l'héritier était obligé de payer les dettes de la succession *ultra vires*, l'héritier pouvait alors se retour-

ner contre les créanciers, ses mandants, et leur dire : Votre mandat me cause un préjudice, vous devez m'indemniser ; et par l'action *mandati contraria*, il réussissait dans sa prétention, les résultats de l'adition étaient paralysés.

Tous les créanciers de l'hérédité n'étaient pas forcés de donner un pareil mandat à l'héritier ; leur volonté restait libre, et le mandat consenti par les uns n'était pas obligatoire pour les autres. La loi 4, pr. Dig. lib. 44, t. 4, semble cependant apporter une dérogation. Elle dit en effet que si un des créanciers s'est abstenu de donner le mandat, et cela dans un motif intéressé, dans un but de spéculation déshonnête, *decipiendi ejus causa*, il ne pourra échapper aux conséquences du mandat et sera traité comme s'il y avait adhéré : s'il exige l'intégralité de sa créance, il sera repoussé par une exception de dol. Mais ce n'est pas là une règle générale; c'est au contraire une exception motivée par l'intention frauduleuse du créancier; c'est un dol qu'il a commis; il a voulu par son silence faire supporter aux autres créanciers seuls les pertes que peut leur faire éprouver l'insolvabilité du *de cujus* et tromper l'héritier qui croyait au consentement de tous. Il ne doit pas profiter de sa mauvaise action, et le législateur le traite comme s'il avait adhéré au mandat; c'est justice.

Ce procédé offrait le grand avantage de pouvoir être employé à distance entre des créanciers et un institué séparés les uns des autres, le mandat pouvant en effet se donner par lettre ou message, (loi 1, p. 1, Dig. lib. 17, t. 1); mais il avait plusieurs inconvénients assez graves : les créanciers mandants pouvaient être insolvables, et l'héritier avait alors à supporter les conséquences de son acceptation. Etaient-ils solvables, il devait toujours commencer par satisfaire aux obligations du *de cujus* et par payer, s'il était nécessaire, les créanciers non-mandants même sur ses biens, sauf son recours contre ceux qui lui avaient donné le mandat, et l'on comprend qu'il dut reculer souvent contre de pareils dangers et contre les ennuis d'une série d'actions intentées successivement contre chaque mandant.

Ces inconvénients détournèrent l'héritier et les créanciers de cet expédient, et ils eurent recours à un procédé plus simple, aux pactes.

Pactes. Nous savons que toutes les conventions sont possibles, et qu'elles n'ont pas d'autres limites que celles que leur imposent les lois et l'honnêteté.

Aussi l'usage de pactes entre les créanciers et l'héritier s'introduisit dans les mœurs romaines.

Les héritiers avaient coutume, avant de faire adition, *solere plerumque heredes*, nous dit Cujas, (Comment. in libr. 4 Quæstionum Paulii, ad leg. 58 *mandati*), lorsque l'hérédité était grevée de

dettes, « quum hereditas pluribus creditoribus
« *defœnerata* est, » de convenir avec les créanciers,
de la remise d'une partie de créances ; et, à cette
condition, ils consentaient à l'adition. « et ita
« adire hereditatem quam alioquin repudiaturi
« essent. » Ces pactes sont valables. « Si ante
« aditam hereditatem paciscatur quis cum cre-
« ditoribus , ut minus solvatur : pactum va-
« lidum est. » (Loi 7, p. 7, Dig. lib. 2. t. 14. *de*
pactis.)

Ils se firent d'abord séparément entre l'héritier
et chaque créancier, c'était une affaire personnelle à chacun d'eux. Mais il en résultait des inconvénients, si tous n'accédaient pas à la convention. Aussi en arriva-t-on à exiger le concours de
tous les créanciers.

« Hodie tamen ita demum pactio hujusmodi
« creditoribus obest si convenerint in unum et
« communi consensu declaraverint quota parte
« contenti sint. (Id. loi 7, p. 19). » Et s'il y a dissentiment entre les créanciers sur le parti à prendre,
c'est la majorité qui l'emporte et impose son opinion. « Si vero dissentiant, tunc prætoris partes
« necessariæ sunt, qui decreto suo sequetur ma-
« joris partis voluntatem » (id.).

La loi suivante, loi 8, nous indique ce qu'on
doit entendre par majorité ; il ne faut pas la cal-
culer, en tenant compte du nombre des créanciers

mais bien du montant des créances ; un créancier
peut donc à lui seul représenter la majorité ; à
égalité de somme, on considère alors le nombre
des créanciers ; à égalité de somme et de nombre, c'est de leur dignité que le préteur doit tenir
compte, et si la plus complète égalité régit toutes
ces conditions (montant des créances, nombre et
qualité des créanciers), le préteur s'attachera à
l'avis le plus favorable au débiteur. « Sin autem
« omnia undique in unam æqualitatem concur-
« rant, humanior sententia a prætore eligenda
« est. » C'est cette opinion qu'il consacrera par
son autorité.

Ces dispositions ont été consacrées par un édit
de Marc-Aurèle: «Hoc enim ex divi Marci rescripto
« colligi potest. » (Id.)

Lorsque, dans le calcul de la majorité, on a à
tenir compte du nombre des créanciers, il ne faut
compter que pour une seule tête les créanciers
ayant la même action ; ainsi les créanciers so-
lidaires, ou les tuteurs d'un même pupille, « quia
unum debitum est, » loi 9, parce qu'il n'y a qu'une
seule dette ; ou bien aussi, le créancier qui réunit
entre ses mains plusieurs créances distinctes,
ainsi le tuteur de plusieurs pupilles, « nam diffi-
« cile est ut unus homo duorum vicem sustineat.»
Quant au montant des créances, il faut le calcu-
ler en tenant compte des intérêts.

« Summæ autem applicare debemus etiam
« usuras. » (Id. loi 9, p. 2.)

Les mineurs ne peuvent adhérer à de pareils
pactes sans l'autorisation du tuteur : « Contra juris
« civilis regulas pacta conventa rata non haben-
« tur; veluti si pupillus sine tutoris auctoritate
« pactus sit ne a debitore suo peteret. » (D., loi 28,
pr.), il leur faut en effet ce consentement pour
recevoir un payement.

Dans le rescrit dont nous venons d'étudier les
dispositions, l'empereur part du principe que tous
les créanciers sont présents, que tous se sont
réunis et ont délibéré sur le parti à prendre , et il
indique au préteur la marche à suivre en cas de
dissentiment.

« Rescriptum Divi Marci sic loquitur, quasi
« omnes creditores debeant convenire », dit Ulpien,
dans la loi 10 du même titre.

Mais il peut se faire qu'il y ait des absents ; que
décider alors? Ulpien pose la question, sans la résoudre : « Quid ergo si quidam absentes sint? num
« exemplum præsentium absentes sequi debent... »

Le doute ne nous pas paraît possible, les dis-
sidents sont enchaînés à la décision de la majorité ; il doit en être de même à plus forte raison
des absents, qu'aucune excuse ne justifie, que la
mauvaise volonté ou l'indifférence ont seules
écartés de la délibération commune.

C'est aussi l'opinion de Cujas, qui déclare que le

créancier absent, s'il attaque l'héritier pour la totalité de la créance, se verra opposer le pacte avec succès. C'est d'ailleurs son intérêt; il lui importe que l'héritier fasse adition, et pour cela il faut que le pacte enchaîne tous les absents. (Vinnius, *de pactis*, cap. 17, p. 3.)

Vinnius (id., p. 5) exige, pour que le pacte nuise au créancier absent, qu'il ait été cité en temps utile : « Non aliter hoc procedet quam si recte et « tempestive citati sint absentes; » il compare le pacte approuvé par le préteur à un jugement : « Speciem judicati hæres continet, » et pense qu'il ne doit être opposé qu'à ceux qui ont pu y intervenir.

Ulpien se pose la même question lorsque l'absent est un créancier privilégié.

« Sed an et privilegiariis absentibus hæc pactio « noceat, eleganter tractatur : si modo valet pactio « contra absentes. » (Loi 10, id.)

Le privilége aura-t-il pour effet de préserver le créancier absent contre les décisions de la majorité, et lui permettra-t-il d'obtenir un payement intégral? Ulpien répond à la question.

« Et repeto ante formam a Divo Marco datam « divum Pium rescripsisse fiscum quoque in his « casibus in quibus hypothecas non habet, et cæ- « teros privilegiarios, exemplum creditorum sequi « oportere. Hæc enim omnia, in his creditoribus « qui hypothecas non habent, conservanda sunt. »

Ainsi Ulpien fait une distinction suivant que le créancier a un privilége ou une hypothèque.

A-t-il une hypothèque pour sûreté de sa créance, son absence ne peut lui nuire, et il conserve, malgré le pacte de ses cocréanciers, le droit de se faire payer *in integrum*. Est-il au contraire simplement privilégié, il suit le sort commun, et il doit obéir à la loi de la majorité.

Cette distinction s'explique par la différence qui sépare le privilége de l'hypothèque : la loi donne naissance au premier, et c'est la convention qui crée la seconde ; stipulée expressément, l'hypothèque est souvent la cause, la raison déterminante de la créance, et l'on comprend que le législateur ait cru devoir respecter les droits du créancier hypothécaire.

Et d'ailleurs on ne comprendrait pas que le pacte des créanciers pût nuire à un cocréancier qui par son hypothèque est dans une situation toute différente ; il peut poursuivre la chose même hypothéquée : « Neque enim iis obesse debet alio-« rum pactio, qui jus hypothecæ habent, propria-« que actione rem sibi obligatam persequi pos-« sunt. » (Id., Vinnius, p. 7.)

Ainsi, suivant Ulpien, la volonté de la majorité des créanciers s'impose au créancier absent privilégié, le pacte produit son effet contre lui.

Or Paul, nous dit dans la loi 58, p. 1, *mandati*, Dig., lib. 17, t. 1, à propos des fidéjusseurs, que le

créancier absent ne peut perdre son privilége par
l'effet du pacte de ses cocréanciers.

« Sed cum proponas eum (creditorem) abfuisse,
« iniquum est auferri electionem, sicut pignus
« aut privilegium. »

Ainsi, d'après ce texte, le créancier absent conserve, malgré le pacte, le droit de poursuivre *in
integrum*, pour la totalité de la créance, les fidéjusseurs du débiteur, de même qu'il conserve le bénéfice du gage ou du privilége.

Il semble qu'il y ait une contradiction évidente entre les deux textes; *valde pugnare videtur*,
(Cujas).

Cujas (*loco citato*) cherche à lever la difficulté
et à concilier les deux jurisconsultes.

Il commence par défendre l'opinion de Paul.

Sa décision est juste, dit-il; elle s'appuie sur le
droit pur, « juris ratione nititur; »

Il serait injuste d'enlever au créancier un privilége que, présent, il aurait conservé.

« Iniquum est pignus auferri absenti creditori,
« quo præsens uti poterit. »

De plus elle est conforme à la loi; le rescrit de
Marc Aurèle exige la présence de tous les créanciers pour que le pacte produise son effet.

Quant à la contradiction, elle n'est qu'apparente;
l'opinion d'Ulpien s'explique par l'époque à laquelle
elle se rapporte; il ne s'occupe dans la loi 10 que du
rescrit de Antonin le pieux, et ce rescrit appli-

que en effet au créancier privilégié absent la loi
de la majorité : « Quo quidem Pii rescripto, absenti
« nec hypothecario creditori privilegium aufertur,
« perinde ac præsenti. »

Mais le divin Marc modifia ce rescrit en limitant aux créanciers présents les effets du pacte :
« At hodie, id est post formam datam D. Marco,
« quæ secuta est rescriptum D. Pii, privilegium
« absenti creditori non aufertur, quia pactio præ-
« sentibus tantum nocet per omnia. » (Id.) Le créancier privilégié absent ne perd donc plus son privilége.

Cette explication serait admissible si Ulpien n'ajou-
tait : « Hæc enim omnia in his creditoribus qui
« hypothecas non habent conservanda sunt. »

N'est-ce pas la preuve irréfutable que le rescrit
d'Antonin le pieux était encore en vigueur au
temps de Marc-Aurèle?

Pothier explique dans ses Pandectes l'opposition des deux grands jurisconsultes par d'autres
motifs.

La loi 58, *mandati*, qui conserve au créancier
absent le privilége n'est pas en contradiction,
nous dit-il, avec le rescrit de Antonin le Pieux;
et en effet ou Paul a ignoré ce rescrit, ou s'il l'a
connu, il l'a négligé comme contraire au droit pur,
ou encore comme abrogé par le rescrit de Marc
Aurèle.

« Rescriptum enim illud aut forte ignoravit aut

« saltem contra juris rationem introductum et post
« constitutionem D. Marci deletum neglexit. »
(Pothier, t. I, lib. 2, Pandectes, tit. 14, sect. 8,
art. 2, not. 7.)

La dernière de ces explications est reproduite
dans Cujas; nous l'avons déjà réfutée; quant aux
deux autres, injurieuses pour Paul, on s'étonne de
les trouver sous la plume de Pothier.

Vinnius (*loco citato*, § 8) nous paraît présenter
l'explication la plus satisfaisante; lui aussi ne voit
pas d'opposition entre les opinions des deux jurisconsultes : « Cæterum nulla est inter Ulpianum et
« Paulum pugna. » Mais pourquoi? c'est que tous
deux s'occupent d'un objet différent.

L'un nous parle du dividende, et l'autre du droit
de préférence.

Ulpien ne veut pas dire, comme l'ont cru Cujas
et Pothier, que le créancier absent perd son privilége par la volonté des cocréanciers; il s'attache
seulement à la question de dividende et nous dit
que pour le créancier privilégié absent comme pour
les créanciers chyrographaires la dette sera réduite:
voilà l'effet du pacte.

Quant au privilége, c'est-à-dire au droit de venir
au payement de la dette avant les autres créanciers chyrographaires, il est au-dessus de toute
atteinte, et l'absent continuera à s'en prévaloir vis-
à-vis de ses cointéressés; Paul a donc raison de dire
que le pacte ne peut le faire perdre; il s'exercera

seulement sur un dividende, au lieu de s'exercer sur la totalité de la dette.

« At vero privilegium quod inter actiones per-
« sonales vertitur, non amittunt, et præferuntur
« nihilominus in portione deliti reliquis credito-
« ribus. »

Nous admettons complétement cette interpré-tation des deux textes, seule elle nous paraît devoir traduire la pensée d'Ulpien, qui ne s'occupe que de savoir si l'exemple des créanciers présents sera suivi par les créanciers absents, c'est-à-dire si la dette sera réduite pour tous.

Nous venons de voir les conséquences du pacte vis-à-vis du créancier absent, lorsqu'il a une hypo-thèque ou un privilége; que décider si sa créance est garantie par des fidéjusseurs?

Paul nous dit dans la loi 58, *mandati,* que le créancier absent conserve le droit de poursuivre le fidéjusseur pour la totalité de la créance. Et en effet le pacte ne lui est d'aucune utilité; si l'héritier refuse de faire adition, il pourra poursuivre le fidéjusseur et se faire payer.

Mais alors le fidéjesseur se retournera contre l'héritier et lui demandera le remboursement de la totalité de la dette?

Paul prévoit l'objection et y répond en limitant au montant de la créance réduite par le pacte le droit du fidéjusseur contre le débiteur :

C'est donc le fidéjusseur qui paiera définitivement la différence.

Le créancier absent n'a le droit de poursuivre
le fidéjusseur pour la totalité de la dette que s'il
n'a pas expressément ou tacitement adhéré au pacte;
et il y a adhéré tacitement, par exemple, en ne
poursuivant le débiteur que pour la somme réduite:
« et tacite consensisse intelligitur, qui ergo ab ·
« herede eam tantum partem petit, vel accipit. »
(Cujas, id.)

Nous venons de voir un exemple des conventions
qui pouvaient intervenir entre les créanciers et
l'héritier; ces conventions sont aussi nombreuses
que les conceptions de l'esprit; nous avons seulement étudié la forme la plus usitée.

Si l'héritier a accepté l'hérédité sans pacte, sans
convention aucune avec les créanciers, il est tenu
des dettes *ultra vires;* l'adition est irrévocable, et
le droit civil ne lui permet pas de revenir sur sa
décision.

Le *jus deliberandi* lui a donné le temps de la
réflexion; il a pris parti en parfaite connaissance
de cause; il doit en supporter les conséquences.

Il n'a pas de protection à attendre du préteur,
nous dit Vinnius; qu'il ait méprisé le bénéfice que
lui offrait la loi ou qu'il ait négligé de l'invoquer
par une ignorance condamnable, il en est indigne
dans tous les cas : « Merito namque his objicietur
« quod, cum possent, spatium ad deliberandum

« non petierint ; aut enim contempserunt bene-
« ficium juris, et indigni sunt auxilio, aut stulti
« omiserunt, id est, in jure errantes, quibus suc-
« curri non solere constat. »

Il n'y avait d'exception à cette règle sévère que
dans le cas où l'héritier était mineur de 25 ans ;
le préteur pouvait alors venir à son secours par une
restitutio in integrum.

« Nam hujus ætatis hominibus, sicut in cæteris
« omnibus causis deceptis, ita et, si temere dam-
« nosam hereditatem susceperint, prætor succur-
« rit. » (Inst., tit. 19, p. 5.)

Cependant, malgré le *jus deliberandi*, la situation
de l'héritier était dangereuse ; ce droit était insuf-
fisant, et en effet, malgré la vigilance de l'héritier
et les précautions qu'il a prises, de nouvelles dettes
inconnues pouvaient surgir, renverser tous ses
calculs et rendre l'hérédité onéreuse.

A un pareil malheur il n'y avait pas de remède.

Les Institutes nous citent bien un cas où l'empereur vint au secours d'un héritier majeur et lui
accorda une restitution *in integrum* contre l'acceptation d'une hérédité devenue onéreuse par la
découverte de dettes d'abord cachées (Id. p. 6) ;
mais c'est là un cas exceptionnel, motivé par l'intérêt tout spécial que méritait l'héritier ; et d'ailleurs cette faveur était accordée par un rescrit
individuel, qui n'eut jamais le caractère d'une loi
générale. C'était cependant un pas de plus fait

dans la voie de protection de l'héritier, et il est probable que les empereurs usèrent de celte facilité, que leur donnait l'exemple d'Adrien, de venir au secours d'un héritier intéressant.

Plus tard l'empereur Gordien généralisa cette faveur pour les soldats.

Justinien nous dit (Instit., id. p. 6), qu'il le fit, pénétré de cette idée que les soldats s'entendaient mieux au métier des armes qu'à la pratique des lois; c'était plutôt par flatterie pour une armée, qui disposait en souveraine de la fortune publique, et par reconnaissance pour les services qu'elle avait rendus à sa famille en la portant à l'empire. Les soldats furent donc protégés contre les consé-quences de l'adition, et ils eurent la faculté de se faire restituer en entier contre l'acceptation d'une succession onéreuse.

L'étude des secours apportés par le préteur ou des expédients auxquels les héritiers demandaient une sauvegarde contre les surprises de l'hérédité nous a conduit jusqu'au règne de Justinien : nous avons étudié dans une première partie les antécé-dents du bénéfice d'inventaire; il nous reste main-tenant à étudier ce droit.

CHAITRE II.

DU BÉNÉFICE D'INVENTAIRE.

Nous sommes arrivé à l'époque de Justinien, si importante dans l'histoire du droit, si intéressante par les grandes réformes qui l'ont illustrée.

Les héritiers nécessaires ont le bénéfice de séparation ; les héritiers siens ont le bénéfice d'abstention ; les héritiers volontaires ont le *jus deliberandi* et les pactes.

Les soldats sont en quelque sorte mis hors la loi et jouissent d'une faveur spéciale.

Voilà le droit des héritiers vis-à-vis les charges de l'hérédité.

Frappé des inconvénients résultant du *jus deliberandi* qui tenait les intéressés dans une attente pénible, sans préserver l'héritier contre les conséquences d'une hérédité mauvaise, Justinien chercha le remède.

Il procéda aux réformes en promulguant deux constitutions : l'une sur les héritiers qui demandent un délai pour délibérer, l'autre sur les dettes héréditaires survenant à l'improviste après l'adition d'hérédité. Ces constitutions ne nous sont pas parvenues ; insérées dans la première édition du Code, elles ont disparu avec elles.

Ces constitutions furent abrogées par la loi 22, Code, lib. 6, tit. 30, qui établit le bénéfice d'inventaire.

C'est dans cette loi, dont Justinien lui-même nous fait l'éloge, « constitutionem tam æquissi- « mam quam nobilem scripsit » (Inst., lib. 2, t. 19, p. 6), qu'il trace les règle de l'importante réforme qu'il vient d'accomplir.

Le but qu'il se proposait était de concilier l'intérêt des créanciers et celui de l'héritier ; ne toucher en rien aux créances grevant l'hérédité, et cependant, mettre l'héritier à l'abri des conséquences de l'hérédité, voilà son désir ; il le réalisa en enlevant à l'acceptation les périls qui en étaient la suite, en donnant à l'héritier les moyens de n'être plus tenu des dettes *ultra vires hereditatis*.

Grâce à cette constitution, l'héritier, nous dit-il dans le *principium* de la loi 22, pourra de suite, sans hésitation, sans crainte, sans péril, accepter toute hérédité qui lui sera déférée ; il n'aura à redouter ni l'apparition de dettes imprévues, ni les dangers d'une succession obérée ; « non tantum « si improvisum emerserit debitum, sed etiam si « onerosam quis inveniat esse quam adiit heredi- « tatem... » (Loi 22, pr.)

On le voit, la réforme est radicale ; elle ne tend à rien moins qu'à supprimer la vieille maxime : *heres sustinet personam defuncti ;* l'héritier peut désormais accepter l'hérédité en y restant étranger.

Pour cela, que doit-il faire ?

Nous allons d'abord rechercher quelles conditions sont exigées pour que l'héritier obtienne le bénéfice d'inventaire ; nous étudierons ensuite les effets du bénéfice.

Tout ce que nous allons dire sur le bénéfice d'inventaire s'applique également à l'héritier *ab intestat* et à l'héritier testamentaire; Justinien ne fait pas de différence : « Cum igitur hereditas sive « ex testamento, sive ab intestato delata sit... (Id., p. 1.)

I. *Conditions exigées pour le bénéfice d'inventaire.*

Un inventaire doit être dressé dans certains délais et suivant certaines formes.

Pour qu'il y ait lieu à faire inventaire, il faut que l'héritier ne soit pas décidé, de parti pris, à accepter ou à refuser l'hérédité (p. 1).

Nous supposons donc que l'héritier, incertain sur les forces de la succession, hésite sur le parti à prendre : « Sin autem dubius est utrumne admit- « tenda sit necne defuncti hereditas. (Id., p. 2.)

Dans ce cas, l'inventaire lui assure un grand avantage; qu'il n'hésite pas, qu'il accepte l'hérédité, et puis fasse l'inventaire. (Id., p. 2.)

Délai. — L'héritier doit commencer l'inventaire dans les 30 jours qui suivent l'ouverture du testament ou la connaissance qu'il a de son institution. (Id., p. 2.)

Il doit l'achever dans les 60 jours suivants. C'est donc un délai total de 3 mois qui est accordé à l'héritier.

Ce délai peut être prorogé et porté à 1 an si les biens de l'hérédité sont dispersés en plusieur pays, ou si l'héritier est éloigné des lieux où ils se trouvent. (Id., p. 3.) Il ne peut pas être augmenté, quelles que soient les distances. (Id., 3.)

Nous venons de voir que l'héritier avait 30 jours pour commencer l'inventaire, et 60 jours pour l'achever ; qu'arrivera-t-il s'il a fini l'inventaire dans les 3 mois sans l'avoir commencé dans le délai fixé; perd-il son droit au bénéfice?

La loi est muette sur ce point; elle se contente de poser des délais.

Cujas a étudié la question dans son *Commentaire* sur le Code, et il pense, s'appuyant sur l'opinion de Bartole et de Paul de Castre, qu'il suffit que l'inventaire soit terminé dans le délai de 3 mois : « Et si post 30 dies cœperis facere, ut Bartolus do- « cuit recte et Paulus de Castro, modo id absolvas « intra 3 menses, confectio inventarii pro justa et « legitima haberi debet, quod est æquissimum. » (Comment., lib. 6, tit. 30.)

Forme. — L'inventaire doit être dressé en pré- sence d'un *tabularius* et de toutes les autres per-

sonnes dont la présence est nécessaire : « Cætero-
« rumque qui ad hujusmodi confectionem neces-
« sarii sunt. » (Id., p. 2.) Ce sont, nous dit la
novelle I, cap. 2, p. 1, les légataires et les fidéi-
commissaires, ou leurs représentants, si une
cause quelconque les empêche d'assister à l'inventaire. Voët ajoute les créanciers : « Et vocen-
« tur omnes illi quorum interest, tum creditores,
« tum legatarii. »

Sont-ils absents sans être représentés, trois témoins, habitants de la même ville, dignes de foi
et de bonne réputation, doivent assister à l'inventaire; car, ajoute le législateur, *tabulariis solis
non credimus.*

L'inventaire fait, l'héritier doit en reconnaître le
résultat dans une mention écrite de sa main, c'est-
à-dire reconnaître la quantité de choses invento-
riées et certifier qu'il n'a commis et ne commettra
aucune fraude (p. 2).

S'il ne sait pas écrire, un *tabularius* spécial devra
assister à l'inventaire; l'héritier, en présence de
témoins le connaissant, ordonnera au notaire
d'écrire la mention susdite et apposera sa croix.
(Id., p. 2.)

Il n'est pas nécessaire que l'inventaire soit fait
sans interruption ou sur une seule tablette.

Si les biens sont dispersés en plusieurs lieux, le
législateur n'exige pas que l'héritier s'y transporte
successivement; il pourra se faire remplacer par

des représentants. Il en est de même s'il est éloigné du lieu de l'ouverture de la succession. (Id., p. 3.)

L'inventaire doit contenir la description exacte et détaillée de toutes les choses de la succession ; il doit comprendre même les fruits produits par les choses héréditaires depuis la mort du testateur. Nous savons, en effet, que les fruits augmentent l'hérédité : « Fructus augent hereditatem. » La description doit être précise : la quantité, la qualité et tous les caractères distinctifs de chaque chose doivent être notés avec soin pour empêcher la fraude ou les échanges. (Voët, id., p. 12.)

Les créanciers, les légataires, les fidéi-commissaires, tous les intéressés, en un mot, peuvent contester le résultat de l'inventaire, s'ils pensent que l'actif de la succession est supérieur à celui qu'a déclaré l'héritier, et ils peuvent le prouver par tous les moyens légaux : par la torture des esclaves héréditaires, par le serment déféré à l'héritier, si les autres preuves font défaut.

Si des choses héréditaires ont été effectivement omises dans l'inventaire, il faudra simplement le compléter pour le cas où l'omission n'a été que le résultat d'une erreur ou d'un oubli, si, en un mot, la bonne foi de l'héritier ne peut être suspectée.

Si, au contraire, il y a eu dol, intention de fraude, l'héritier de mauvaise foi devra restituer ou compter dans l'inventaire une valeur double

de celle des objets détournés. C'est là son châti-
ment. (Id., § 10.)

Nous ne croyons pas que la perte du bénéfice
vienne aussi frapper l'héritier de mauvaise foi ; le
§ 10 est formel, et ne nous parle que de la restitution du double. C'est là l'opinion enseignée par
Voët. (Id.)

Si l'héritier qui veut faire un inventaire omet
sans fraude quelques-unes des formalités exigées,
qu'arrivera-t-il?

Suivant la rigueur des principes, il devrait être
considéré comme n'ayant pas fait l'inventaire.

Ce serait bien dur ; aussi Voët (id., § 28),
enseigne-t-il que, sur sa demande, cet héritier intéressant obtiendra facilement la réparation de sa
négligence, ou au moins une *restitutio in integrum.*

La loi 22 ne nous dit pas si l'héritier, désirant
profiter du bénéfice, était tenu de déclarer formellement son intention. Il est donc probable que ce
n'était pas là une condition exigée par le législateur. Dans ce cas, en effet, comment l'aurait-il
omise dans l'énumération qu'il fait : l'héritier
ayant fait adition ou s'étant immiscé devait simplement faire un inventaire.

Nous verrons plus loin que le *jus deliberandi* fut
maintenu par Justinien, et que l'héritier qui,
l'ayant invoqué, en avait fait usage, ne pouvait

plus, après l'adition d'hérédité, réclamer le bénéfice d'inventaire. (Loi 22, p. 14.)

Mais que décider si, revenant sur sa demande avant l'adition ou la récusation, l'héritier préfère accepter l'hérédité sous bénéfice d'inventaire? Voët (id., § 13) pense que cet héritier pourra encore profiter du bénéfice : la délibération, lui semble-t-il, a précisément pour but d'éclairer l'héritier sur la question de savoir s'il acceptera purement et simplement ou sous bénéfice d'inventaire : « De-« beratio in id ipsum comparata videtur ut quis, « cognitis hereditatis viribus, secum constituat « num expediat hereditatem adire simpliciter an « magis rescriptum securitatis gratia impetrari « consultum sit. »

Pourquoi refuser à l'héritier incertain plusieurs moyens successifs de ne pas être tenu *ultra vires?*

Le § 14 de la loi 22 ne refuse le bénéfice d'inventaire qu'à ceux qui ont fait usage du *jus deliberandi.*

Il ne résulte de rien qu'il doive en être de même pour ceux qui n'ont fait que le demander.

Cette décision est favorable à l'héritier; mais je la crois en contradiction avec la pensée de Justinien.

Dans le § 14 de la loi 22, il entre dans des détails précis : deux voies s'ouvrent devant l'héritier, dit-il; l'une mène au *jus deliberandi,* l'autre au bénéfice d'inventaire; l'héritier qui méprise ce

bénéfice de création récente et qui préfère agir
suivant les anciennes méthodes, devra s'en tenir
à son choix et ne pourra plus profiter d'un avantage qu'il a dédaigné. Voilà ce que dit la loi, et je
pense pas qu'il y ait place au doute.

Cette sorte de pression morale est d'ailleurs bien
dans les usages de Justinien.

Le bénéfice d'inventaire est un bienfait accordé
par le législateur à l'héritier ; il en résulte qu'il est
libre de le négliger.

Nous pensons que le testateur peut défendre à
l'héritier d'accepter l'hérédité sous bénéfice d'inventaire ; cette défense est parfaitement licite,
c'est simplement une restriction apportée à l'acceptation d'hérédité, et l'on comprendra qu'un
débiteur délicat désire que toutes ses dettes soient
payées après sa mort, même *ultra vires hereditatis.*
(Voët, *Commentar. ad Pandectas*, lib. 28, tit. 8,
p. 15, tome II.)

La réciproque ne serait pas juste ; un testateur
ne peut pas obliger son héritier à accepter la succession sous bénéfice d'inventaire ; ce serait, en
effet, un préjudice qu'il causerait aux créanciers.

Tout héritier peut donc profiter du bénéfice, à
moins d'une défense formelle du testateur.

L'inventaire fait par l'héritier fiduciaire profite
également au fidéi-commissaire après la restitution ; en effet, le fidéi-commissaire supporte les
charges héréditaires au *prorata* de la part qui lui

revient, et, comme ces charges sont réduites pour le fiduciaire, elles arrivent ainsi réduites au fidéi-commissaire.

La loi 73, Dig. lib. 36, tit. 1, *ad. S. consult. Trebellianum*, objecte bien que les avantages, droits et actions, que le fiduciaire s'est réservés en vue de l'hérédité ne passent pas au fidéi-commissaire; mais il s'agit dans cette loi de stipulations privées qui sont toujours personnelles ; d'ailleurs cette même loi accorde au fidéi-commissaire une action pour se faire céder par le fiduciaire les avantages stipulés. La question n'offre donc pas d'intérêt pratique.

Justinien dispense les militaires de l'inventaire; ils ne seront jamais tenus que jusqu'à concurrence des forces de la succession ; la constitution de Gordien est maintenue. (Loi 22, p. 15.)

Il en est de même du fisc pour les biens de successions vacantes ou les biens confisqués.

Et en effet, dans ce cas, le fisc n'est pas héritier, mais simplement successeur aux biens, or « bona « intelliguntur cujusque, quæ deducto ære alieno « supersunt. » (Loi 39, p. 1, D., *de verbor. significatione*.)

Si le fisc donne les biens confisqués aux plus proches parents du condamné, il n'y a pas lieu non plus à faire inventaire : ils tiennent les biens de la libéralité impériale, et non de l'hérédité.

Mais, si le fisc était simplement institué héritier,

il rentrerait alors dans le droit commun et devrait
se conduire comme les héritiers privés.

L'inventaire une fois fait, après l'adition d'hérédité, l'héritier peut-il renoncer au bénéfice ou
bien le perdre? Nous ne le pensons pas. Les auteurs
ne nous citent aucun fait délictueux de l'héritier dont la conséquence soit la perte du bénéfice d'inventaire. Mais peut-il y renoncer et refuser la succession qu'il a acceptée sous bénéfice
d'inventaire? C'est là une question controversée.
Furgole, dans son Traité des testaments, cap. 10,
sect. 3, n° 66, accorde à l'héritier le droit de renonciation : « La loi ne veut pas, dit-il, qu'il y ait de
confusion entre les biens de l'héritier et le patrimoine héréditaire, c'est donc qu'elle permet à
l'héritier de posséder les biens du défunt comme
un patrimoine distinct, et que, par conséquent, il
peut renoncer à l'hérédité et se dégager par là
des embarras qu'elle entraîne avec elle. » D'ail_
leurs, la loi est formelle, le § 13 dit : « Cum
« enim liceat eis et adire hereditatem et sine
« damno *ab ea discedere*, ex præsentis legis auctori-
« tate... » Le doute n'est pas possible, Justinien
permet expressément à l'héritier de renoncer après
la confection de l'inventaire. Et ailleurs, au § 6
des Institutes, l. 2, t. 19, après avoir rappelé que
Gordien accorde aux militaires la restitution *in
integrum*, il ajoute : « Sed nostra benevolentia
« commune omnibus subjectis imperii nostri *hoc*

« *beneficium* præstitit. C'est donc la restitution *in integrum*, le droit de revenir sur l'acceptation, de renoncer enfin après l'adition, que le législateur a voulu accorder par le bénéfice d'inventaire.

Voilà l'opinion défendue par Merlin (Quest., v° Bénéfice d'inventaire, §. 5, art. 1, n° 1).

Malgré l'autorité de ce savant jurisconsulte, je ne crois pas que cette opinion doive être admise. La matière du bénéfice d'inventaire et des successions, même au temps de Justinien, est dominée par cette règle : « Semel heres, semper heres. » Il faut une dérogation formelle pour qu'une renonciation puisse suivre une adition d'hérédité. Or, cette dérogation, où la trouvons-nous dans le cas qui nous occupe? Nulle part. Le législateur, en énumérant les conditions et les effets du bénéfice d'inventaire, reste muet sur la question de savoir si l'adition est irrévocable; c'est donc que les principes généraux sont restés en vigueur, et que la règle que nous venons de citer continue à recevoir son application.

Merlin nous oppose bien le § 13. Mais ce paragraphe ne s'occupe plus du bénéfice d'inventaire, il traite du *jus deliberandi*, et il faut avouer qu'il serait étrange que le législateur nous avertît ainsi d'une façon incidente, dans une sorte de récapitulation, de la dérogation qu'il apporte à la vieille règle : « Semel heres, semper heres. » D'ailleurs, l'expression citée : « Ab ea discedere, » et

sur laquelle repose toute l'argumentation de nos
adversaires, n'a pas la signification qui lui est
attribuée. Nulle part, le législateur ne l'emploie
dans le cas de répudier, renoncer; et, si telle avait
été son intention, on ne peut s'empêcher de se demander ce que signifiraient ces mots : «sine damno, »
qui l'accompagnent. Il est hors de doute que, si une
adition peut être périlleuse, une renonciation n'entraîne après elle aucun inconvénient, et que l'héritier renonçant n'a pas de dettes à payer. Justinien dans ce passage revient sur l'avantage apporté
par le bénéfice d'inventaire : « Puisque, dit-il, on
peut faire adition, et que cette adition n'entraîne
après elle aucun dommage; puisque, quelque
mauvaise que soit l'hérédité, on la liquide, on la
quitte, « ab ea discedere, » sans inconvénient,
« sine damno, » à quoi bon le *ius deliberandi?*

Et, de même, dans le paragr. des Institutes qui
nous est opposé, le législateur prend soin de nous
expliquer ce bénéfice : « Il consiste, dit-il un peu
plus loin, en ceci, qu'on peut faire adition, et
cependant n'être tenu du passif héréditaire que
jusqu'à concurrence de l'actif. »

C'est pourquoi nous persistons à croire que l'adition faite avec inventaire est irrévocable.

II. — *Effets du bénéfice d'inventaire.*

Quels sont les résultats du bénéfice d'inventaire, et quels avantages procure-t-il à l'héritier? C'est ce que nous allons étudier. Et, tout d'abord, pendant qu'il fait l'inventaire, l'héritier ne peut être poursuivi par aucun créancier, fidéicommissaire ou légataire; les délais étant limités, il ne faut pas qu'il soit distrait et empêché de finir l'inventaire avant l'expiration du temps. Réciproquement, les prescriptions ne courent pas pendant ces délais contre les créanciers (loi 22, p. 11). Les sentences prononcées contre le défunt ne peuvent pas non plus être exécutées; le gagnant d'un procès étant assimilé aux créanciers (Voët, id. 17). Mais les créanciers peuvent poursuivre les fidéjusseurs du défunt, à qui ne doivent pas profiter les avantages accordés à l'héritier.

Quant à la revendication, le § 11 de la loi ne paraît pas s'y appliquer, et l'on pense généralement que la confection de l'inventaire n'empêchera pas le vrai propriétaire de faire usage de son droit.

L'héritier ne peut donc pas être poursuivi par les créanciers; il ne pourra non plus les poursuivre, à moins que leurs affaires ne soient mauvaises, qu'ils ne soient en fuite ou même soupçonnés de fuite.

L'inventaire est fait ; quelles en sont les conséquences ?

« Vis perfecti inventarii in multis et ad multa
« notabilis est. » (Voët, id., p. 18.)

Le plus grand des avantages apportés par le
bénéfice d'inventaire consiste dans la garantie
donnée à l'héritier que son patrimoine n'aura pas
à souffrir de l'acceptation de l'hérédité ; il n'est
plus tenu *ultra vires hereditatis*, et les droits des
créanciers seront limités aux forces de la succession : « Hereditatem sine periculo adeant ; ut in
« tantum hereditariis creditoribus teneantur in
« quantum res substantiæ ad eos devolutæ va-
« leant. « (Code, loi 22, p. 4.) Mais pourra-t-il être
poursuivi sur ses biens jusqu'à concurrence de la
valeur de la succession ? Nous ne le pensons pas.
Cela ne serait possible que si l'inventaire devait
contenir l'estimation des choses héréditaires. Or,
aucune disposition de la loi ne l'exige. De plus, le
texte même de la loi 22, les expressions qu'a em-
ployées le législateur, semblent bien indiquer que
les créanciers ne peuvent poursuivre l'héritier sur
ses biens, même jusqu'à concurrence de l'actif
héréditaire. Justinien aurait-il dit, en parlant de
l'héritier, « ... nihil ex sua substantia penitus heredes amittant « (Id., p. 4) ; et, en parlant des soldats privilégiés par le rescrit de Gordien : « Qua-
« tenus pro his tantum modo rebus conveniantur
« quas in hereditate defuncti invenerint : ipsorum

«autem bona a creditoribus hereditariis non in-
«quietentur... (pr.); » et, plus loin : « Non solum
«milites adjuvare hujusmodi beneficio , sed etiam
«ad omnes hoc extendere..., » s'il avait voulu
rendre les biens de l'héritier responsables jusqu'à
concurrence de l'actif héréditaire. Nous ne le
pensons pas.

L'héritier qui a fait inventaire n'est pas tenu
ultra vires des charges de la succession ; son patrimoine, dit la loi 22, doit rester intact. L'adition
d'hérédité ne doit lui causer aucun préjudice. Il
en résulte, et c'est là un deuxième effet du bénéfice d'inventaire, que l'héritier conserve intactes
les créances qu'il peut de son chef avoir contre le
défunt. Quoique héritier, il reste créancier. Il n'y
a pas de confusion possible : « Non hæ confun-
«dantur actiones »(loi 22, p. 9). Créancier, il subira
le sort des autres créanciers de l'hérédité, il par-
tagera leur fortune : « Similem aliis creditoribus
« per omnia habeat fortunam » (id., p. 9). Nous
verrons plus loin que l'héritier paie les créanciers
du défunt dans l'ordre dans lequel ils se présentent. Il en résulte donc pour lui, lorsqu'il est créancier, non pas un droit de concours, mais en quelque
sorte un droit de prélèvement. Il est en fait le premier créancier qui se présente, il sera le premier
payé « et ipse sibi solvat quod defunctus de-
«buit..., » sauf recours contre lui des créanciers
privilégiés. (Cujas, id.)

Si la chose de l'héritier a été aliénée par le
défunt, quel sera l'effet du bénéfice d'inventaire?
Nous savons qu'avant Justinien, l'héritier, voyant
sa personnalité se confondre avec celle du *de cujus*,
perdait par le fait de l'hérédité le droit de revendiquer sa chose et devait respecter les actes de
disposition faits par le défunt. En sera-t-il de
même en cas d'acceptation de la succession sous
bénéfice d'inventaire? Nous ne le pensons pas. Le
bénéfice d'inventaire sépare les deux personnalités et assure à l'héritier sa complète indépendance
et l'intégralité de sa situation pécuniaire. Créancier
du défunt en vertu d'un contrat régulier, il peut
poursuivre le payement de sa créance. Ne doit-il
pas en être de même lorsque c'est sa chose même
que l'héritier réclame, aliénée par le *de cujus*, sans
aucun droit, en violation des lois.

Voët n'accorde à l'héritier le droit de revendiquer sa chose que si la valeur ne s'en trouve pas
dans les biens héréditaires. (Id. n° 18.)

Nous n'acceptons pas cette opinion qui limite
l'effet du bénéfice d'inventaire et peut, dans certains cas, imposer un sacrifice à l'héritier.

L'héritier ne doit supporter aucun préjudice; il
en résulte que les acheteurs de choses héréditaires
vendues par lui ne peuvent être poursuivis par
les créanciers hypothécaires du défunt et forcés de
restituer la chose; c'est là une conséquence du
bénéfice d'inventaire; autrement l'acheteur dépos-

sédé aurait un recours contre l'héritier vendant, qui se verrait ainsi exposé à subir un dommage (1).

De même l'héritier peut retenir sur l'actif de la succession toutes les dépenses qu'il a dû faire en qualité d'héritier: frais de funérailles (2), d'insinuation du testament, de confection de l'inventaire, frais de revendication de choses héréditaires, etc.; l'héritier doit rentrer dans ses déboursés. (Loi 22, p. 9.)

L'inventaire est achevé; les prélèvements ont été effectués, l'héritier doit payer les créanciers et les légataires; mais il n'a pas à s'occuper de l'ordre et du droit des créanciers ; il les paie tous à mesure qu'ils se présentent: et si le patrimoine du défunt est épuisé, aucun recours n'est accordé contre lui aux créanciers attardés, fussent-ils hypothécaires ou privilégiés ; « et si nihil reliquum est, poste- « riores venientes repellantur; et nihil ex sua subs- « tantia penitus heredes amittant. (Loi 22, p. 4.)

Les légataires eux-mêmes sont payés lorsqu'ils se présentent sans que l'héritier ait à tenir compte des dettes qui peuvent encore être dues.

Les créanciers attardés n'ont aucun recours contre l'héritier; ont-ils pour cela absolument perdu leur créance et doivent-ils renoncer à tout es-

(1) Voët, Commentarius ad Pandectas; tome II, lib. xxviii, t. 5, p. 19.
(2) Ces dépenses doivent être conformes au rang du défunt et aux coutumes du pays; l'héritier n'a pas le droit d'entraîner la succession dans des dépenses exagérées (Voët, Id., p. 23).

poir d'un remboursement? Non ; une pareille décision serait dans certains cas injuste, et la loi 22 distingue.

Si des légataires se sont présentés avant les créanciers attardés et ont été payés de leurs legs, les créanciers ont un recours contre eux. « Nemo « liberalis, nisi liberatus », disent la loi et l'équité ; il serait absurde, dit Justinien, de refuser un appui et un recours aux créanciers qui revendiquent leur droit, le payement de leur créance contre des légataires qui « pro lucro certant ». (Loi 22, p. 5.)

Mais l'héritier doit être complétement à l'abri de cette revendication, et les créanciers n'auront aucun recours contre lui, non plus que contre les acheteurs des biens héréditaires, avec le prix desquels les légataires ou les autres créanciers ont été payés. (Id., p. 5.)

Si l'actif héréditaire a été épuisé par le payement des créances, les créanciers chyrographaires attardés n'ont aucun recours ; ils sont arrivés trop tard, leur dette est perdue. Mais s'ils sont hypothécaires ou privilégiés, ils auront un recours contre les créanciers chyrographaires payés, contre tous ceux, en un mot à qui ils sont préférables, « qui « anteriori busveniant hypothecis. » (Loi 22, p. 6.)

L'héritier est toujours à l'abri de toute revendication. (Id., p. 7.)

Ainsi les créanciers hypothécaires peuvent recourir contre les créanciers chyrographaires payés ;

mais ce droit leur était-il nécessaire, et ne pouvaient-ils donc se retourner contre les acheteurs des choses hypothéquées en sûreté de leur créance ?

La loi 22, p. 8 est formelle, les créanciers hypothécaires ne pourront poursuivre les acheteurs des biens hypothéqués ; il faut que l'héritier ne soit exposé à aucun recours et que l'adition d'hérédité ne lui fasse subir aucun préjudice ; c'est la volonté formelle de Justinien ; l'héritier ne doit pas pouvoir être poursuivi par les acheteurs dépossédés. D'ailleurs, les créanciers ne sont-ils pas suffisamment garantis par le recours que la loi leur accorde contre les créanciers chyrographaires et les légataires ? (p. 8.)

Si les biens héréditaires hypothéqués ont été donnés en payement à des légataires ou à des créanciers, les créanciers hypothécaires conserveront leurs droits sur la chose hypothéquée (id., p. 6); dans ce cas en effet, aucun recours n'est possible contre l'héritier.

Enfin, et c'est là le dernier avantage du bénéfice d'inventaire, l'héritier peut se prévaloir de la loi Falcidia, et, les créanciers payés, prélever sur les legs le quart de ce qui reste disponible (p. 5).

Nous savons que la loi Falcidia a eu pour but de restreindre les libéralités excessives, si faciles lorsque c'est un mourant qui les fait, et limita aux 3/4 de la succession les pouvoirs du testateur. Avant Justinien, le bénéfice de cette loi était général, et aucune condition n'était imposée ; la loi Falcidia s'appliquait de plein droit. Justinien exige qu'un inventaire soit dressé pour que l'héritier puisse avoir droit au bénéfice de la loi Falcidia.

Ainsi donc pour avoir droit à la quarte, l'héritier doit accepter sous bénéfice d'inventaire, ou bien aussi se contenter de dresser un inventaire, sans le faire précéder d'une adition d'hérédité. Mais, dans ce dernier cas, il n'accepte pas sous bénéfice d'inventaire, et les autres effets de ce bénéfice ne s'appliquent pas. (Loi 22, p. 14.)

Si cet inventaire n'est pas dressé, l'héritier est tenu des legs *ultra vires* et doit les acquitter tous intégralement (Novelle I, tit. I, cap. 2, § 2), décision rigoureuse qui ne s'explique que par le caractère pénal que Justinien a voulu lui attacher; l'héritier a méprisé les avantages et les facilités que lui offrait la loi ; il devra supporter les conséquences rigoureuses de sa négligence. (Voet, id., p. 27.)

Nous avons fini l'étude du bénéfice d'inventaire, nous venons de voir quelles en étaient les conditions et les conséquences.

Si l'héritier, après avoir fait adition ou s'être immiscé dans l'hérédité, néglige de faire inventaire ou bien laisse expirer les délais légaux, il devient héritier pur et simple, et alors toutes les consé-

(1) Cujas, Id.

quences rigoureuses de l'hérédité le frappent; il
est tenu des dettes et des legs *ultra vires*, et sa personne juridique se confond avec celle du défunt,
(loi 22, p. 12).

Ainsi, ou le bénéfice d'inventaire avec toutes ses
garanties ou l'acceptation pure et simple avec ses
inconvénients et ses rigueurs, tels sont les deux
partis que propose la loi à l'héritier et entre lesquels
il doit se décider. Mais le législateur ne refuse pas
pour cela à l'institué, qui dédaigne ou néglige les
facilités de l'innovation impériale, le droit d'étudier
la succession, ses ressources et ses dangers, avant
de prendre un parti définitif. Justinien n'a pas
voulu rompre avec le passé « ne quis nos putaverit
antiquitatis penitus esse contemptores », (loi 22,
p. 13), et il accorde à l'héritier un délai de délibération (loi 22, p. 13). Le *jus deliberandi* de l'ancien
droit est maintenu et réglementé. Le préteur pourra
accorder à l'héritier, sur sa demande, un délai de
neuf mois; l'empereur, un délai d'un an. Ces
délais ne pourront jamais être prorogés, et Justinien prend soin de nous dire que toute concession
au-delà des limites légales serait nulle (1).

(1) La loi 36, p. 2, liv. 3, tit. 28, Code semble apporter une dérogation à cette disposition. Elle décide, qu'au cas où un fils
exhérédé voudrait intenter la « querela inofficiosi testamenti, »
l'héritier institué devra prendre parti, faire adition ou refuser
l'hérédité dans un délai de six mois, s'il habite dans la même
province que le fils exhérédé, dans un délai de un an dans le cas
contraire. Or notre loi 22 accorde à l'héritier un délai de neuf

A l'expiration des délais, si l'héritier n'a pas pris parti, il sera présumé avoir accepté la succession et sera tenu des dettes *ultra vires* (loi 22, p. 14), à condition toutefois que le délai ait été accordé sur sa demande ou sur celle des créanciers ; si ce sont au contraire les substitués ou les héritiers ab intestat qui ont obtenu le délai, l'héritier silencieux sera réputé avoir renoncé à la succession ; et en effet, dit Voet, «silentium adversus eum qui men- « tem explicare debuerat interpretamur (1). »

Le délai expiré, l'héritier doit, ou renoncer à la succession, et alors rendre aux créanciers ou aux héritiers ab intestat les choses héréditaires, ou bien faire adition, et dans ce cas toutes les consé- quences de l'hérédité viennent le frapper (loi 22, p. 14).

L'héritier qui a délibéré ne peut plus accepter l'hérédité sous bénéfice d'inventaire. Justinien n'a pas voulu accorder au même héritier ce double avantage ; deux partis, dit-il, s'offraient à lui : il a

---

mois. Cette dérogation s'explique par l'espèce particulière à la- quelle elle s'applique : l'héritier institué, incertain sur la valeur de la succession, hésite à accepter une hérédité qu'il craint de trouver onéreuse ; il a neuf mois pour délibérer, les créanciers attendent, mais leurs droits restent intacts. Ce délai est trop long et ne doit pas être accordé à l'héritier, alors qu'à côté de lui se trouve un fils exhérédé, sous le poids de la honte de l'exhéréda- tion ; il importe qu'il puisse le plus tôt possible sortir de la si- tuation fausse et pénible où il se trouve, et l'héritier devra prendre parti dans les six mois.

(1) Voët Commentarius ad Pandectas, id , p. 2.

choisi, il supportera les conséquences de son choix.

Nous avons fini l'étude du bénéfice d'inventaire.

Nous venons de voir quelles étaient les inno-
vations de Justinien et par quels artifices il sut
corriger les rigueurs de l'ancien droit et protéger
l'héritier contre les conséquences de l'hérédité.

L'étude que nous nous proposions de faire sur
le droit romain est achevée.

Nous allons voir dans la suite de ce travail comment les institutions impériales se perpétuèrent ou
se transformèrent dans les coutumes de notre
vieille France et devinrent les bases et les fonde-
ments de notre législation actuelle.

ANCIEN DROIT FRANÇAIS

Nous savons que les provinces qui composaient la monarchie française se distinguaient en pays de droit écrit, pays de droit coutumier.

Dans les pays de *droit écrit*, fidèles aux institutions et au droit de Rome, la constitution de Justinien était restée en vigueur; la loi 22 du Code était appliquée; toutes ses prescriptions étaient observées, tous ses effets produits. Le bénéfice d'inventaire venait, comme à Rome, tempérer les rigueurs de l'hérédité.

Nous n'avons rien à ajouter : la loi 22 s'appliquait dans tous ses termes.

Il n'en était pas de même dans les *pays coutumiers*, où l'influence romaine ne se fit sentir qu'à la longue et toujours d'une façon indirecte.

Les lois barbares ne connaissaient pas le bénéfice d'inventaire. Dans les Capitulaires, dans les Coutumes qui apparaissent aux XIᵉ et XIIᵉ siècles, après la chute de l'empire franc, dans les premiers recueils de droit, nulle part nous n'en trouvons la trace.

Le droit franc, l'ancien droit germanique, le droit coutumier, ignoraient un bénéfice que les principes de l'hérédité coutumière n'avaient pas rendu nécessaire : les héritiers nécessaires du droit de Rome étaient inconnus. « Nul n'est héritier qui ne veut, » tel était le principe que le droit coutumier avait consacré, et dont l'admission avait écarté le bénéfice d'inventaire.

Ce n'est qu'au xv° siècle, alors que le droit romain, sorti des écoles de Bologne, a conquis le monde, que nous voyons apparaître le bénéfice d'inventaire dans la France coutumière. Il se manifeste d'abord dans les récits des vieux jurisconsultes français. Bouteiller en parle dans sa *Somme rurale*, et, après lui, ses successeurs l'étudient dans leurs commentaires.

Mais, sauf quelques exceptions, il n'apparaît dans les Coutumes écrites qu'au commencement du xvi° siècle ; et même la Coutume de Paris, dans sa première rédaction de 1510, n'en fait pas mention. Cependant on peut assigner cette date au mouvement bénéficiaire. C'est à cette époque, en effet, que nous voyons le bénéfice d'inventaire s'introduire dans les Coutumes et y être l'objet de dispositions spéciales : Coutumes d'Artois et d'Orléans (1507), Coutume d'Auvergne (1510), Coutume du Bourbonnais (1521), etc.

A la fin du siècle, le mouvement est achevé ; le bénéfice d'inventaire a conquis sa place dans le droit coutumier, le droit romain l'a emporté. Ce ne fut pas sans résistance ; et aussi, en recevant le bénéfice d'inventaire, le droit coutumier lui fit-il subir des modifications et des restrictions notables. Ces modifications et restrictions, nous allons les étudier ; nous allons voir en quoi le bénéfice d'inventaire coutumier différait du bénéfice romain, et préparer ainsi l'étude de la législation actuelle.

Dans les pays de Coutume, aussi bien qu'à Rome, le bénéfice d'inventaire, dit Pothier, était le bénéfice accordé aux héritiers de n'être point tenus, sur leurs propres biens, des dettes du défunt et de ne point faire confusion des droits qu'ils pouvaient avoir contre la succession, à la charge par eux de faire, dans le temps et la manière prescrite, un inventaire fidèle, exact, de toutes les choses héréditaires (1).

Quelles étaient les conditions et les effets du bénéfice d'inventaire ?

I. *Conditions du bénéfice d'inventaire.*

A Rome, la volonté du testateur, aussi bien que la loi, faisait un héritier.

Le même droit régissait l'héritier *ab intestat* et l'héritier testamentaire ; l'un et l'autre, exposés aux mêmes rigueurs de la loi, pouvaient invoquer le bénéfice d'inventaire.

(1) Pothier, Tr. des successions, cap. 3, sect. 1, art. 2.

Dans le droit coutumier, au contraire, le principe romain vient se heurter au vieux principe « qu'institution d'héritier n'a point lieu; » la loi seule fait un héritier. L'héritier *ab intestat* seul est tenu au delà des forces de la succession; la conséquence logique, c'est que seul il pourra invoquer le bénéfice d'inventaire. Le légataire universel n'est qu'un successeur aux biens. Il n'est tenu des dettes que dans les limites de la succession; quel besoin a-t-il alors du bénéfice d'inventaire?

C'était le droit commun des pays de Coutume, et de nombreux arrêts des Parlements viennent le confirmer : ils décident que le légataire universel n'a pas à invoquer le bénéfice d'inventaire. (Arrêts du Parlement de Paris, du 5 mai 1602, du 15 janvier 1603, 28 mai 1626, 30 mai 1656, etc.) (1).

Ce droit cependant n'était pas général, et quelques provinces admettaient l'institution de l'héritier par testament, et, par une conséquence lo-

(1) Merlin, Répert. n. légataire, par. 7, art. 1, n. 13, 14.
Il ne faut pas confondre avec le bénéfice d'inventaire l'inventaire que suivant la presque totalité de nos vieux auteurs le légataire universel était tenu de dresser pour constater l'actif de son legs. En l'absence de cet inventaire, il devait payer les dettes *ultra vires*; il y avait présomption de fraude. Ricard seul s'écarte du sentiment commun et permet à cet héritier négligent de justifier par enquête de commune renommée là quantité des biens. « Ce sentiment ne doit pas être facilement suivi, » ajoute Pothier. (Pothier, Success., chap. V, art. 2, par. 3).

gique, le bénéfice d'inventaire. (Coutumes de Metz, du Berry.)

Pothier assimile à l'héritier *ab intestat*, et, par conséquent, déclare tenus des dettes *ultra vires* et habiles à invoquer le bénéfice d'inventaire, le donataire universel par contrat de mariage (1) et le conjoint appelé à la succession à défaut de parents (2).

Telles étaient les personnes qui pouvaient invoquer le bénéfice d'inventaire.

A l'héritier, à qui le droit de faire usage du bénéfice d'inventaire était reconnu par la Coutume, deux conditions étaient imposées, de l'exécution desquelles dépendait le droit au bénéfice.

Ces conditions étaient l'obtention de lettres royaux, la confection d'un inventaire.

Des lettres royaux. — C'est là une innovation du droit coutumier. Le droit de Rome ne connaissait rien de pareil, et, dans les pays de droit écrit, le bénéfice d'inventaire était accordé directement à l'héritier par la loi. C'est qu'en effet dans ces pays, nous dit Pothier, « la loi 22 du Code, ainsi que « les autres lois romaines, avaient, par la permis- « sion du roi, force, autorité et caractère de loi (3). » Et alors on comprend qu'il fût inutile de s'adres-

(1) Introduct. à la coutume d'Orléans, tit. 17, appendice, p. 2, n. 23.
(2) Id., n. 35.
(3) Pothier, Successions, chap. 3, sect. 1, § 3.

ser au roi pour obtenir de lui un bénéfice que la
loi lui accordait. Il n'en était pas de même dans
les pays de Coutume; là, le droit romain n'avait
aucun caractère légal; ses décisions et ses lois
n'avaient droit à aucune autorité; et aussi, la faculté de faire usage du bénéfice d'inventaire, ne
dérivant pas de la loi, fut-elle subordonnée à la
concession du prince, et l'obtention de lettres
royaux devint une condition essentielle du bénéfice d'inventaire.

Quelques Coutumes cependant dispensaient de
cette obligation : c'étaient celles qui accordaient
expressément le bénéfice d'inventaire, ainsi les
Coutumes de Berry, de Bretagne, de Sedan. Il
suffisait alors de faire bon et loyal inventaire des
biens de la succession, et de déclarer à la fin
qu'on acceptait la succession par bénéfice d'inventaire (1).

Les lettres royaux étaient exigées, nous dit Pothier, dans les pays dont les Coutumes « parlent
« à la vérité du bénéfice d'inventaire, mais sans
« l'accorder expressément; telles que sont les
« Coutumes de Paris et d'Orléans (2). » Et, en
effet, ce n'est pas alors la loi qui accorde le bénéfice; l'intervention royale est donc nécessaire.

Délivrées en chancellerie, les lettres royaux devaient être entérinées, sur les conclusions du pro-

(1) Merlin, Répert., v. bénéfice d'inventaire, n° 1.
(2) Pothier, id., p. 3.

cureur du roi, par le juge à qui elles étaient adressées, c'est-à-dire par le juge du lieu de l'ouverture de la succession.

Ces lettres devaient être obtenues par l'héritier avant qu'il n'eût fait aucun acte d'héritier. Et, en effet, en s'immisçant dans l'hérédité, il aurait renoncé au bénéfice d'inventaire et accepté purement et simplement; il se serait donc en quelque sorte engagé envers les créanciers.

Pothier ne considère pas comme un acte d'héritier le fait d'avoir pris le titre d'héritier bénéficiaire: il ne voit pas là, et avec raison, une acceptation pure et simple, mais seulement une déclaration anticipée des intentions de l'héritier.

Aucun délai n'était imposé, et il était toujours temps d'obtenir les lettres royaux. C'est là l'opinion de Pothier, que ne partageaient pas, nous devons le reconnaître, tous les auteurs. Ainsi Imbert limite à l'an et jour le délai dans lequel les lettres royaux devaient être obtenues. Pothier rapporte cette opinion, mais ajoute « qu'il ne croyait pas que cela s'observât. »

Lorsqu'il y avait plusieurs héritiers, ne voulant accepter la succession que sous bénéfice d'inventaire, il suffisait que l'un d'eux obtînt les lettres et les fît entériner; les autres n'avaient pas à payer de nouveaux droits, et devaient seulement, sur requête, faire déclarer ces lettres communes avec eux.

Telles étaient les formalités auxquelles était assujettie l'obtention des lettres royaux. Le pouvoir central s'efforça, dans un intérêt fiscal, d'étendre l'usage de ces lettres, et de nombreux édits cherchèrent à les introduire dans les pays de droit écrit ou dans les pays coutumiers, qui ne les exigeaient pas. (Ordonnance de 1629; édits de 1697, 1704; arrêts du Conseil du 15 juin 1705, de 1700 et 1710.) Mais ces décisions ne purent venir à bout des résistances parlementaires, et les distinctions entre le droit des provinces, que nous avons établies, continuèrent à subsister.

De l'inventaire. — Les lettres obtenues, un inventaire doit être dressé par l'héritier. C'est là encore une condition essentielle du bénéfice.

Cet inventaire est exigé dans tous les cas, le défunt fût-il mort, de notoriété publique, sans laisser aucuns meubles.

Il doit être dressé par un officier public ou un notaire. (Ordonnance de Blois, art. 104.) C'est là une règle générale, admise partout, et qui ne souffre d'exception que dans le ressort de Bordeaux, où il suffisait d'une description de biens faite par l'héritier lui-même.

L'inventaire doit contenir la description de tous les meubles et de tous les titres de la succession; quant aux immeubles, il suffit d'indiquer les titres de propriété. L'estimation des biens inventoriés, sans être prescrite, était entrée dans les usages.

Il doit être avant tout fidèle ; la fraude, mais non pas l'omission de bonne foi, entraîne la déchéance du droit. Nous savons qu'à Rome la fraude avait pour conséquence la restitution du double, que subissait l'héritier infidèle. C'est là une innovation du droit coutumier, qui avait pénétré même dans les pays de droit écrit.

L'inventaire peut être fait à tout moment, avant comme après l'obtention des lettres royaux. Aucun délai n'est imposé à l'héritier, et les prescriptions du droit romain, relatives aux délais de trente et de soixante jours, ne s'étaient pas conservées dans le droit coutumier. « Dans le pays coutumier, dit « Pothier, il n'y a point de temps marqué pour « faire inventaire, et je pense qu'il est toujours « temps, tant que l'héritier n'a point disposé des « effets de la succession (1). »

Dans les pays de droit écrit, un délai uniforme de trois mois limite le droit d'acceptation par bénéfice d'inventaire.

L'ordonnance de 1629, dans son article 128, exige l'apposition des scellés avant l'inventaire. Cette disposition ne fut pas appliquée, si ce n'est toutefois lorsque l'héritier habitait la maison du défunt.

Les créanciers ne doivent être appelés à la con-

(1) Pothier, id., par. 3, De l'inventaire.

fection de l'inventaire que lorsqu'ils se sont fait connaître.

Les frais d'inventaire sont supportés par l'hérédité tout entière, c'est-à-dire par chaque héritier, en proportion de sa part héréditaire.

De la caution. — Une troisième condition était imposée à l'héritier bénéficiaire dans les pays de Coutume ; elle consiste dans l'obligation de fournir une caution aux créanciers et légataires apparents (1). Cette caution n'était, en général, donnée que pour la valeur du mobilier et des fruits.

Le défaut de caution emportait déchéance.

Telles étaient les formalités exigées et de l'accomplissement desquelles dépendait, pour l'héritier, l'obtention du bénéfice d'inventaire.

II. *Effets du bénéfice d'inventaire.*

« Le principe sur les effets du bénéfice d'inventaire, dit Pothier, est que l'héritier bénéficiaire est réputé, vis-à-vis des créanciers et légataires de la succession, plutôt comme un administrateur des biens de ladite succession que comme l'héritier et le propriétaire desdits biens. »

De ce principe résultent tous les effets du béné-

(1) Pothier, Introd. au titre 17, Cout. d'Orléans, sect. V, art. 2, par. 2, n. 48.

fice d'inventaire, que nous allons exposer brièvement.

L'héritier bénéficiaire, et c'est là l'effet principal du bénéfice, n'est point tenu des obligations du défunt au delà des forces de la succession, et même, dans ces limites, ses biens propres sont à l'abri de toute poursuite. Telle est l'opinion générale de la plupart des auteurs coutumiers : l'héritier bénéficiaire n'est considéré que comme un administrateur.

Il est administrateur de la succession.

Il en résulte qu'il doit être remboursé de toutes les dépenses qu'il a faites à son compte : frais d'administration, de réparation, de procès, d'inventaire, etc., et aussi qu'il doit rendre compte aux créanciers de son administration ; et alors il peut être tenu sur ses biens du reliquat du compte.

C'est à l'héritier bénéficiaire d'administrer les biens de la succession, de faire payer les débiteurs, de soutenir les procès, etc., etc.

Son droit d'administration est assez étendu.

Mais il ne peut vendre les biens meubles ou immeubles de la succession que suivant certaines formalités, et avec les solennités prescrites pour les décrets d'héritage.

Enfin, il paie les créanciers et les légataires qui se présentent.

Les créanciers retardataires n'ont de recours, suivant Pothier, contre les créanciers payés, que si le payement a été fait au mépris de diligences, d'une opposition ou au préjudice d'un droit hypothécaire.

Le recours des créanciers contre les légataires payés est toujours possible.

Quelques auteurs, entre autres Rousseau, cité par Pothier, admettaient d'une manière absolue le recours entre créanciers, ne voyant dans l'héritier bénéficiaire qu'un receveur des biens de la succession, qui payait sous la condition tacite de rapport.

Certaines coutumes cherchèrent à éviter les difficultés qui résultaient d'une pareille divergence dans les opinions de la doctrine, et exigèrent la distribution par justice entre les créanciers. (Coutume de Normandie, de Bretagne, de Lille, etc.)

L'édit perpétuel de 1611 subordonna la distribution du prix des meubles entre les créanciers qui se présentaient à la condition d'une caution et promesse de rapport en cas d'insuffisance d'actif ; quant au prix des immeubles, il ne pouvait être distribué qu'après le délai d'un an ; les créanciers avaient donc le temps de se produire.

Le second effet du bénéfice d'inventaire, est la conservation par l'héritier de tous les droits et actions qu'il pouvait avoir contre le défunt. Il n'y a pas de confusion : il les conserve, il peut donc les exercer, et il jouira de tous les droits des créanciers.

Les actions nécessaires étaient intentées contre les cohéritiers, ou, à leur défaut, contre un curateur au bénéfice d'inventaire institué à cet effet.

Nous avons dit, avec Pothier, que l'héritier bénéficiaire était considéré comme un administrateur; il n'en est pas moins héritier, et, à ce titre, il a droit au reliquat des biens héréditaires après le payement des dettes et des legs.

L'héritier peut toujours, malgré l'acceptation sous bénéfice d'inventaire, renoncer à la succession, répudier la qualité d'héritier, et s'affranchir par là des charges qu'elle lui imposait.

C'est là, comme le fait remarquer Pothier, plutôt un abandon de biens fait aux créanciers, qu'une renonciation à la succession; l'héritier coutumier ayant accepté demeure toujours héritier, *qui semel heres semper heres*, et il reste propriétaire des biens abandonnés jusqu'à ce qu'ils soient vendus sur la poursuite des créanciers. Il reste héritier; il en résulte qu'il demeure sujet au rapport, envers ses cohéritiers, de ce qui lui a été donné par le défunt, et que l'excédant des prix de vente sur le montant des dettes lui appartient.

Tels sont, dans les pays de coutume, les effets principaux du bénéfice d'inventaire; on peut dire que l'institution romaine a conservé son caractère et qu'elle a pénétré, sans se dénaturer, dans la France coutumière.

Mais nous arrivons à une innovation importante

sur le droit de Rome, et nous allons voir se manifester la répugnance avec laquelle le droit coutumier accepta le bénéfice d'inventaire.

III. *De la préférence donnée à l'acceptation pure et simple sur l'acceptation sous bénéfice d'inventaire.*

Les pays de Coutume n'avaient accepté qu'avec répugnance et sous la pression romaine l'usage du bénéfice d'inventaire. A cette acceptation prudente, ils préféraient l'acceptation pure et simple ; aussi, nous dit Pothier, « ce fut un droit ancien- « nement établi dans le pays coutumier, que le « parent, quoique en degré plus éloigné, qui offre « accepter purement et simplement la succession « du défunt, est préféré au parent en degré plus « proche que lui, qui l'a acceptée sous bénéfice « d'inventaire (1). »

C'est là une innovation de pure institution française, dont on ne trouve ni la trace ni l'origine dans le droit romain, et qui même, limitée aux pays de Coutume, ne fut point admise dans les provinces de droit écrit (2).

Intérêt de la mémoire du défunt, *favore defuncti*, qui n'est pas exposé à voir les biens de sa succession insolvable vendus sous son nom par les créanciers, et sa mémoire notée d'infamie ; — intérêt

(1) Pothier, Success., chap. 3, sect. 3, art. 3, par. 1.
(2) Le parlement de Bordeaux seul suivait cette pratique.

des créanciers, *favore creditorum*, certains du payement de leurs créances; — intérêt des légataires,
favore legatariorum, tels sont les motifs qui firent
introduire ce droit, que Pothier lui-même traite de
bizarre et d'injuste, et qui ne laissa pas que de
soulever dans la suite de vives et nombreuses critiques.

Il était consacré expressément par un grand nombre de coutumes, et Pothier est d'avis de l'appliquer également dans les pays dont les coutumes
sont restées muettes sur ce point.

Tout d'abord, ce droit de préférence ne souffrit
aucune exception, et la ligne directe aussi bien que
la ligne collatérale fut exposée aux conséquences
rigoureusès de l'innovation coutumière.

Mais bientôt une réaction se fit contre cette doctrine regrettable, qui enlevait aux enfants une
succession à laquelle la loi naturelle leur donnait
le droit de prétendre, et qui avait pour effet d'intervertir l'ordre légal de la transmission des biens;
le droit d'exclusion fut restreint à la ligne collaté-

Cette réforme, introduite par la Coutume de
Paris dans la dernière rédaction de 1580, devint le
droit commun et fut appliquée dans toutes les
Coutumes.

Pour exclure par une acceptation pure et simple
l'héritier bénéficiaire, il suffisait d'être parent du
défunt à un degré quelconque; la Coutume n'exi-

geait pas que l'héritier excluant fût parent au
même degré que l'héritier exclu, ou appelé con-
jointement avec lui à la succession. Il devait être
parent du défunt, et parent dans la même ligne
que l'héritier qu'il voulait exclure. Telle était la
condition imposée à l'exercice du droit de préférence.

Le survivant de deux conjoints, héritier du pré-
décédé à défaut de parents, ne peut bénéficier du
droit de préférence, et exclure un héritier bénéficiaire.

Mais que décider lorsque l'héritier bénéficiaire
est un héritier testamentaire, et qu'un héritier *ab
intestat* demande à accepter la succession purement
et simplement (1)?

Pothier pensait qu'il ne pouvait y avoir matière
à succession *ab intestat*, et que la volonté du *de
cujus*, exprimée par le testament, devait écarter le
droit d'exclusion; d'ailleurs, la condition primor-
diale exigée par les coutumes, n'était pas remplie :
les deux héritiers n'appartenaient pas au même
ordre. La Coutume du Berri seule maintenait
expressément le droit d'exclusion.

Pothier décide, en vertu des mêmes motifs,
qu'un héritier testamentaire ne peut être exclu
par un autre héritier également désigné dans le
testament.

(1) Cette question ne pouvait s'élever que dans les pays dont
les coutumes admettaient l'institution testamentaire.

Le principe coutumier ne souffrait d'exceptions proprement dites que vis-à-vis de l'héritier mineur, qui ne pouvait exercer le droit d'exclusion en se portant héritier pur et simple. C'est qu'en effet le mineur avait, par le droit de restitution, une sorte de bénéfice d'inventaire, et que, par suite, son acceptation ne devait pas rendre meilleure la condition des créanciers. Il ne rentrait dans le droit commun que s'il s'engageait sous caution à ne pas revenir contre son acceptation pure et simple, ou bien encore s'il était parent du défunt à un degré égal ou plus rapproché que l'héritier à exclure.

Le droit d'exclusion était absolument personnel et ne pouvait pas être exercé par les créanciers.

Des délais en limitaient l'usage; l'héritier qui voulait en profiter, devait se porter héritier pur et simple dans l'année qui commençait au jour de l'appréhension sous bénéfice d'inventaire, c'est-à-dire au jour de la présentation et de l'entérinement des lettres royaux. Le délai expiré, il est déchu de ses droits.

L'héritier qui avait manifesté dans les délais légaux son intention de se porter héritier pur et simple, devait en outre signifier cette déclaration à l'héritier bénéficiaire, et alors ce dernier pouvait, en revenant sur son acceptation bénéficiaire et en se déclarant héritier pur et simple, retenir la succession; il avait 40 jours, à partir de la signifi-

6

cation, pour renoncer au bénéfice d'inventaire. Mais le second délai expiré, l'héritier bénéficiaire n'était pas pour cela déchu de son droit ; il fallait en outre que l'héritier pur et simple l'assignât devant le juge du lieu où la succession était ouverte, et obtînt une sentence qui le déclarât déchu de la succession.

Tant que ces formalités successives n'étaient pas remplies, l'héritier bénéficiaire pouvait toujours conserver la succession en se portant héritier simple.

Le délai de 40 jours avait été introduit par la Coutume d'Orléans ; pour les Coutumes muettes, Pothier est d'avis d'abandonner à l'arbitrage du juge la désignation du délai.

Quels étaient les effets de l'exclusion de l'héritier bénéficiaire par un héritier pur et simple ? L'héritier pur et simple était considéré, par un effet rétroactif, comme ayant été saisi des droits et des biens de la succession dès l'instant de la mort du défunt ; l'héritier bénéficiaire n'avait jamais été héritier. Telle était la conséquence logique de la vieille règle coutumière : le mort saisit le vif.

L'héritier bénéficiaire n'avait jamais été héritier ; il avait, dit Pothier, possédé sans droit les biens de la succession.

Mais il eût été impossible de proclamer, par une déduction rigoureuse, la nullité de tous les actes qu'il avait pu faire ; aussi lui reconnaissait-on les pouvoirs d'un administrateur, et tout ce qu'il avait fait dans les bornes de l'administration était tenu pour valable.

La pratique entendait dans un sens assez large les pouvoirs de l'héritier bénéficiaire en tant qu'administrateur, et validait non-seulement les payements, baux et dépenses de réparations, mais aussi la vente des choses périssables et des fruits, la vente aux enchères des meubles et la vente par décret des immeubles.

L'héritier exclu devait rendre compte de tout ce qui lui était parvenu de la succession et en restituer tous les biens, même les fruits; et Pothier grève ses biens d'une hypothèque en faveur de l'héritier pur et simple.

Tel est le bénéfice d'inventaire coutumier. Nous sommes bien loin de l'enthousiasme que Justinien manifestait pour son œuvre; les restrictions et les entraves que l'usage a apportées au bénéfice prouvent assez avec quelle défaveur et quelle répugnance la France coutumière se laissa imposer l'institution romaine.

Pendant la Révolution, à l'époque intermédiaire, le bénéfice d'inventaire resta, à peu de chose près, ce qu'il était sous l'ancienne monarchie. Une loi du 7-11 septembre 1790 supprima seulement la nécessité de l'obtention des lettres royaux ; elles furent remplacées dans la pratique par une demande en justice.

C'est aux rédacteurs du Code Napoléon qu'il était réservé de dégager le bénéfice d'inventaire des entraves et des restrictions dont le droit coutumier l'avait entouré, et, l'accueillant sans méfiance, de lui donner dans la législation la place à laquelle il a droit.

DROIT FRANÇAIS ACTUEL

Le droit romain avait institué le bénéfice d'inventaire, le vieux droit français le conserva et nous le transmit ; il a sa place dans le Code civil.

« Ne doit-il pas y avoir un terme moyen entre
« l'acceptation pure et simple qui soumet l'héritier
« à toutes les charges sans exception, quoiqu'elles
« excèdent de beaucoup les bénéfices, et la renoncia-
« tion qui le dépouille de tout sans retour, encore
« que par l'événement l'actif se trouve surpasser
« de beaucoup les dettes ? Laissera-t-on nécessai-
« rement l'héritier entre la crainte d'une ruine
« totale par une acceptation hasardée, et la certi-
« tude d'un dépouillement absolu par une renon-
« ciation méticuleuse (1) ? »

Telles sont les considérations qui, avec l'autorité de l'histoire, frappant l'esprit des rédacteurs du Code, firent introduire dans notre législation l'ins-

(1) Exposé des motifs, du tit. I, liv. iii, du Code civil, des successions, par le conseiller d'Etat Treilhard.

titution du bénéfice d'inventaire. C'est justice et sagesse.

Qui peut se plaindre, en effet, du bénéfice accordé à l'héritier ?

Les créanciers ? Mais de quoi ? C'est avec le défunt qu'ils ont contracté, c'est sa personne, c'est sa fortune, c'est sa situation enfin qui les a décidés, et je ne pense pas qu'ils aient jamais voulu escompter le bénéfice d'un avenir incertain, ni qu'ils aient songé aux garanties que pouvaient leur offrir de riches héritiers. Leur débiteur est mort ; mais rien n'est changé, le gage de leurs créances est toujours là, et rien ne leur est enlevé du patrimoine de celui dont ils ont suivi la foi. Si les garanties sont insuffisantes, c'est à eux, c'est à leur imprudence seule qu'ils doivent s'en prendre.

Le *de cujus ?* qui mourant insolvable voit ses dettes non payées et sa mémoire déshonorée ? Mais alors il faut en revenir au principe des législations anciennes, rétablir les héritiers nécessaires et exclure la renonciation qui entraîne après elle les mêmes conséquences. D'ailleurs, la raison et l'équité exigent-elles que l'héritier soit obligé au delà des forces de la succession, et si souvent la vertu ou l'honneur imposent au fils le devoir d'acquitter les dettes de son père, et de dégager sa mémoire, la loi doit-elle être aussi exigente ? Ne doit-elle pas protéger la liberté individuelle de l'héritier et lui assurer son patrimoine ?

Ainsi, ni les créanciers, ni le *de cujus* n'ont le droit de protester contre le bénéfice d'inventaire et de se plaindre de ses effets.

S'il en est ainsi, n'est-il pas juste et sage d'accorder à l'héritier un moyen, en évitant les longueurs d'interminables délais dangereux pour les créanciers, de se soustraire aux pertes qui seraient la conséquence d'une acceptation imprudente, tout en ne renonçant pas aux chances de gain que la succession peut offrir?

Le bénéfice d'inventaire fut introduit dans le Code.

Nous allons en étudier la nature, les conditions et les effets, et rechercher quelle forme définitive les législateurs du Code surent donner à l'institution romaine.

Nous diviserons cette étude en six chapitres, et nous traiterons successivement :

1° De la nature du bénéfice d'inventaire ;

2° Des conditions et des formalités ;

3° Des effets ;

4° De l'administration de l'héritier bénéficiaire ;

5° De la cessation du bénéfice ;

6° Du bénéfice d'inventaire imposé par la loi.

CHAPITRE I.

DE LA NATURE DU BÉNÉFICE D'INVENTAIRE.

Le bénéfice d'inventaire, dont le but est de concilier les intérêts de l'héritier et des créanciers, est un « parti mitoyen » entre l'acceptation pure et simple et la renonciation ; c'est un mode d'acceptation qui assure à l'héritier tous les avantages de la succession, en lui permettant de se soustraire aux charges qui excéderaient l'émolument ; son effet est d'empêcher toute confusion entre le patrimoine du défunt et celui de l'héritier.

A Rome, comme dans l'ancienne France, avec des entraves en plus ou en moins, c'était en quelque sorte une exception au droit commun, une dérogation à la loi, une faveur introduite par les préteurs ou par l'usage et accordée par le juge ou par le prince.

Dans notre Code, c'est la loi seule qui l'accorde, c'est une institution de droit commun, dont tout héritier peut revendiquer le bénéfice ; c'est de la loi que l'héritier tient la faculté d'accepter l'hérédité sous bénéfice d'inventaire, et cette faculté, il en jouit de plein droit, sans avoir besoin de recourir à l'intervention du juge.

Une succession peut être acceptée purement ou

simplement ou sous bénéfice d'inventaire, dit l'art. 774 ; c'est à l'héritier qu'appartient le choix, et il est entièrement libre. La loi n'intervient jamais, si ce n'est dans certains cas que nous étudierons plus tard, pour prescrire l'acceptation sous bénéfice d'inventaire, et l'acceptation pure et simple n'a conservé d'autre privilége que d'être présumée jusqu'à déclaration contraire. Le droit de préférence de la législation coutumière a disparu.

Telle est la volonté de la loi : la liberté de l'héritier est intacte. Mais cette liberté peut-elle être restreinte par le défunt, et ce dernier peut-il interdire à son successeur l'usage du bénéfice d'inventaire ? Question « des plus célèbres » comme disait Henrys, et qui ne laisse pas encore aujourd'hui que de partager les auteurs et de soulever une vive controverse.

Pour que la question puisse s'élever dans un intérêt pratique, il faut supposer l'institution par le *de cujus* d'un légataire en vue du cas où l'héritier appelé ne tiendrait pas compte de la prohibition.

Il faut l'avouer ; l'affirmative, qui autorise l'interdiction de l'acceptation sous bénéfice d'inventaire et limite dans ce cas le droit de l'héritier à l'acceptation pure et simple ou à la renonciation, l'affirmative s'appuie sur des raisons sérieuses : ses partisans font valoir, non sans force, la liberté absolue du droit de tester, le *de cujus* a la libre disposition de ses biens ; ne peut-il pas alors apposer à sa munificence les conditions que bon lui semble, et restreindre dans les limites qu'il lui plaît la liberté de son héritier ? Cet héritier d'ailleurs n'est-il pas toujours libre de repousser une hérédité trop onéreuse ? De quel droit refuser à la volonté du défunt librement consentie l'effet et la force que la raison lui reconnaît ? — L'ordre public sera troublé, dit-on. — Mais en quoi ? Le bénéfice d'inventaire n'est-il pas un privilége tout facultatif auquel on peut renoncer ou qu'on peut perdre comme toute autre faveur ! La loi l'impose-t-elle ? Ne laisse-t-elle pas au contraire le choix à l'héritier ? Et d'ailleurs, à considérer les effets de la condition, à qui peut-elle porter préjudice ? Ne favorise-t-elle pas les intérêts des créanciers et des légataires ? Pourquoi empêcher le défunt de prendre toutes les précautions que peut lui suggérer sa prudence pour assurer ou faciliter le payement de ses dettes ?

Malgré la valeur des arguments présentés, nous repoussons ce système, et nous pensons que le *de cujus* n'a pas le droit, en interdisant l'acceptation sous bénéfice d'inventaire, de restreindre à ce point la liberté de l'héritier.

C'est une erreur en effet, que de voir dans ce bénéfice d'inventaire un privilége facultatif, qui ne regarde que l'intérêt privé : c'est une institution prévoyante introduite de plein droit par la loi, destinée à assurer à l'héritier une protection nécessaire ; c'est une ressource pour lui dans son incertitude sur la consistance réelle de la succession; le but du législateur c'est d'assurer à cet héritier le droit et le moyen de réfléchir, de se décider entre l'un et l'autre parti qu'il pourrait prendre, d'éviter les hasards souvent périlleux d'une acception pure et simple, comme aussi les regrets d'une renonciation imprudente. L'intérêt public n'est-il donc pas intéressé à la liberté morale et réfléchie de l'héritier, et le législateur n'a-t-il pas dû assurer cette liberté ? C'est ce qu'il a fait dans l'art. 774, où il établit le droit à l'acceptation bénéficiaire. Ce droit, la volonté privée ne peut y porter atteinte.

A quoi servirait en effet, dans l'opinion contraire, l'art. 774, et quels avantages la pratique retirerait-elle du bénéfice que notre loi a accueilli avec tant de faveur? On peut prévoir, je crois, à coup sûr, que la prohibition deviendrait de style, que tout *de cujus* l'introduirait dans ses dispositions testamentaires, et que son absence, c'est-à-dire le bénéfice de l'art. 774, serait considérée comme une sorte de banqueroute frauduleuse à l'égard des créanciers.

S'il s'agit d'un héritier *ab intestat*, notre système a encore plus de force, et je ne vois en vérité ce qu'on peut lui objecter: c'est de la loi en effet qu'il tient sa vocation, et la loi lui accorde le droit au bénéfice d'inventaire. Comment la volonté privée pourrait-elle déroger à la volonté du législateur ?

On décidait ainsi en général dans notre ancien droit coutumier, si favorable à l'acceptation pure et simple; et c'est là encore un argument puissant en faveur de la cause que nous soutenons.

Ainsi le *de cujus* ne peut limiter le droit de son héritier, et la condition qu'il lui aura imposée sera considérée comme non écrite.

Quant à la désignation du légataire, nous pensons qu'elle devra subir le même sort et être également réputée non écrite. C'est en effet une véritable clause pénale; nous appliquerons l'art. 1227, et non pas l'art. 900, qui suppose que la condition non écrite a été imposée à la personne même à qui la libéralité a été faite : ce qui n'est pas le cas.

Ainsi le droit à l'acceptation bénéficiaire, comme le droit à l'acceptation ou à la renonciation est consacré par la loi, et aucune dérogation ne peut être admise : la liberté de l'héritier est intacte.

Mais quels sont ces héritiers; à qui le bénéfice est-il accordé? Quelle qualité faut-il avoir pour le revendiquer? Quels sont ceux, en un mot, qui peuvent accepter sous bénéfice d'inventaire? Il est bien évident que ce sont ceux à qui ce bénéfice est utile; or, à qui est-il utile, si ce n'est aux successeurs tenus *ultra vires* des dettes de la succession? Notre question ne peut donc se résoudre que par celle-ci ? Quels successeurs sont tenus *ultra vires?*

C'est ainsi qu'elle se pose généralement, et c'est sous ce point de vue que nous allons d'abord l'étudier brièvement.

Que les héritiers légitimes *ab intestat* aient droit au bénéfice, cela n'est pas douteux ; c'est pour eux spécialement qu'il a été introduit, c'est dans le titre des successions qu'il a sa place.

Mais que décider pour les légataires universels et à titre universel ? Ici la controverse est vive, et la lutte acharnée ; trois solutions différentes sont proposées par la doctrine :

Suivant les uns, ces légataires ne sont jamais tenus *ultra vires ;* c'est l'institution coutumière que les législateurs ont introduite dans le Code : or dans les pays de Coutume, Dieu seul fait les héritiers, les continuateurs de la personne, et les légataires universels n'étaient jamais tenus des dettes au delà des forces de la succession : la loi parle bien, suivant l'expression romaine, d'institution d'héritier, mais elle prend soin, dans l'art. 1002, d'assimiler cette disposition au legs et de déclarer qu'elle est soumise aux mêmes règles et produit les mêmes effets. Si le légataire était tenu *ultra vires*, il aurait droit au bénéfice d'inventaire : ne trouverait-on pas alors dans le Code civil ou dans le Code de procédure une trace quelconque de cette application du bénéfice ? Le silence absolu du législateur ne trahit-il pas sa pensée ?

D'ailleurs cette obligation *ultra vires,* si rigoureuse et si dure par elle-même, ne se comprend en raison qu'entre membres d'une même famille, alors que les liens du sang imposent des devoirs que la volonté du testateur ne pourra jamais créer; ce n'est qu'alors qu'il existe entre le défunt et son héritier une véritable solidarité ; et ce n'est qu'alors que cette solidarité peut entraîner une obligation indéfinie. Cette solidarité, ces devoirs et ces obligations, on ne peut les supposer en dehors de la volonté formelle de la loi.

Un second système, reposant tout entier sur l'art. 1006, distingue suivant que le légataire a ou n'a pas la saisine.

A-t-il la saisine, il est tenu *ultra vires ;* doit-il demander aux héritiers à réserve la délivrance des biens de la succession, son obligation est limitée aux émoluments qu'il tire de la succession. Cette opinion se fonde sur l'art. 724, qui saisit les héritiers sous l'obligation d'acquitter toutes les charges de la succession.

Ce système repose sur une confusion ; l'obligation aux dettes ne se confond pas avec l'idée de la saisine, et le législateur, en les unissant dans l'art. 724, n'a pas voulu faire de l'une la condition de l'autre.

Nous repoussons ces deux systèmes que nous ne croyons conformes ni à la volonté de la loi, ni à la saine interprétation des textes, et nous pensons que le légataire universel est aussi bien que l'hé-

ritier *ab intestat* tenu des dettes au delà des forces
de la succession.

Le législateur du Code Napoléon s'est trouvé en
présence de deux systèmes bien tranchés, opposés
l'un à l'autre : dans le droit écrit, la volonté du
testateur aussi bien que la loi faisait un héritier ;
dans le droit coutumier, *Deus solus facit heredes*,
institution d'héritier n'a pas lieu.

Quel système a prévalu dans le Code ?

Si l'on étudie avec soin les travaux préparatoires,
on voit se dégager cette préoccupation et cette
volonté du législateur de considérer comme héritier quiconque succède à l'universalité juridique
des droits actifs et passifs du défunt, et nulle part
on ne voit apparaître l'idée que les héritiers du
sang sont les seuls continuateurs de la personne,
c'est Portalis qui dit : « Que la loi n'attache pas
« moins d'effets à la disposition que fait l'homme
« en vertu de l'autorisation qu'elle lui donne qu'à
« la disposition qu'elle fait elle-même directe-
« ment. »

C'est Murairé qui ajoute : « Il n'y a pas de con-
« cours entre ces deux sortes d'héritiers : car si
« la loi institue l'héritier du sang quand il n'y a
« pas de testament, elle institue de préférence l'hé-
« ritier testamentaire. Les deux sortes d'héritiers
« ont les mêmes droits au moment où la succession
« s'ouvre. »

Partout, l'héritier institué et l'héritier *ab intestat*

apparaissent dans une situation analogue et ils ne sont jamais opposés l'un à l'autre, comme des institutions différentes entraînant des effets opposés.

Le vrai fondement de l'obligation aux dettes *ultra vires*, c'est l'idée de la continuation de la personne du défunt; il n'est pas possible d'admettre que le législateur, en présence d'une doctrine aussi ancienne, aussi nettement formulée que la doctrine romaine, ait accepté les institutions coutumières sans que rien, pas un mot, pas une phrase ne soit venu accuser sa volonté et certifier le parti qu'il prenait; et la réciproque ne peut nous être opposée, car dans les pays de coutume, la vieille règle de Loisel : institution n'a lieu, rencontrait de nombreuses exceptions et soulevait de vives critiques.

On nous objecte alors les observations du Tribunat et on s'appuie sur une phrase, que nous devons citer : « Il est convenable d'annoncer bien « précisément qu'il n'y aura désormais aucune « différence entre la dénomination d'héritier et « celle de légataire et que tous les effets particu- « lièrement attachés par les lois romaines au titre « d'héritier sont entièrement détruits! »

Certes! l'objection est forte et la volonté du législateur paraît évidente!

Mais à ces citations nous en avons opposé, nous pouvons encore en opposer d'autres.

Si l'intention du Tribunat est réellement de supprimer tous les effets, si l'héritier institué ne doit
être que le successeur aux biens, il est bien évident que, dans les discours officiels et les rapports
des conseillers d'Etat et des tribuns nous trouve-
rons des traces de cette intention.

Or le tribun Jaubert vient dire dans son rapport au nom de la section de législation : « Le
« seul sacrifice que les pays de droit écrit aient
« à faire, c'est celui de l'ancienne règle : *Nemo pro*
« *parte testatus, et pro parte intestatus decedere potest.* »

C'est donc à cela qu'il faut limiter la réforme,
et c'est dans ce sens qu'il faut entendre l'observation du Tribunat.

Et ailleurs, le tribun Jaubert ajoute : « Quant
« aux obligations des légataires, le légataire uni-
« versel qui prend seul l'entière succession sera
« tenu de toutes les dettes et charges. »

Telle est la pensée des législateurs.

Qu'a fait le Code et que dit-il?

L'art. 1009, déclare que le légataire universel
est tenu des dettes et charges de la succession
personnellement pour sa part et hypothécairement
pour le tout.

Le doute n'est pas possible; or, dit l'art. 2092,
celui qui est obligé personnellement est tenu de
remplir son engagement sur tous ses biens mobiliers et immobiliers, présents et à venir, par conséquent est tenu indéfiniment. Voilà la loi. Il est

débiteur personnel, c'est-à-dire il ne peut s'affranchir de sa dette en abandonnant son émolument, donc il est tenu au delà de cet émolument et peut être poursuivi sur ses biens personnels. Et l'argument a d'autant plus de force que c'est précisément dans les mêmes termes que l'art. 873 s'exprime à l'égard des héritiers *ab intestat*.

Les héritiers sont tenus des dettes et charges personnellement pour leur part et portion, et hypothécairement pour le tout, dit l'art. 873, et cela veut dire qu'ils sont tenus *ultra vires*.

Les légataires universels sont tenus des dettes et charges personnellement pour leur part et portion, et hypothécairement pour le tout, dit l'art. 1009, et cela veut dire, disent nos adversaires, qu'ils ne sont pas tenus *ultra vires*.

Est-ce possible ? et n'y a-t-il pas là une contradiction qui répugne à la fois à la raison et à la logique ? Est-il admissible de supposer que le législateur avec une imprudence coupable ait eu recours aux mêmes termes pour exposer des effets opposés?

Ainsi, malgré la valeur des systèmes opposés et la force de leurs raisonnements, pensons-nous interpréter sainement les textes et la volonté du législateur en déclarant les légataires universels ou à titre universel tenus des dettes *ultra vires*.

Ils sont tenus *ultra vires*; la conséquence logique, c'est qu'ils ont droit d'invoquer les dispositions de la loi et d'être admis au bénéfice d'inventaire.

Je sais bien qu'aucun article du Code ne s'explique sur ce point d'une façon précise; mais n'en est-il pas de même pour le partage, dont personne ne refuse d'appliquer les règles aux colégataires? Et d'ailleurs, les nécessités juridiques et pratiques ne sont-elles pas les mêmes, qu'il s'agisse d'un héritier testamentaire ou *ab intestat*? N'est-il pas juste au contraire par un *à fortiori* évident d'accorder ce bénéfice à un légataire qu'aucun lien du sang ne lie au *de cujus*, et à l'égard duquel aucune considération de famille ne pourrait justifier les rigueurs de la loi? — C'est une libéralité, et n'est-il pas incompatible avec le caractère des libéralités d'être onéreuse? Le bénéfice d'inventaire est le corrélatif nécessaire de l'obligation rigoureuse qui frappe les légataires universels.

Ainsi, et pour résumer cette longue discussion, les légataires universels sont tenus des dettes de la succession *ultra vires*, et ils ont le droit de recourir au bénéfice d'inventaire.

Quelques partisans du premier système, tout en restreignant les obligations du légataire, lui accordent cependant le bénéfice d'inventaire; ils le déclarent tenu *intra vires*, jusqu'à concurrence de son émolument, mais tenu sur ses propres biens, et c'est en ce sens qu'ils expliquent l'art. 1009 et l'expression personnellement. On comprend encore les avantages du bénéfice d'inventaire; il consacre la séparation des patrimoines.

Nous n'avons pas à prendre parti dans cette nou-
velle question, puisque nous admettons l'obligation
ultra vires. Mais il nous paraît bien évident que
ceux qui repoussent le sens si rationnel que nous
avons donné à l'art. 1009 ne peuvent faire autrement que de reconnaître cette obligation personnelle restreinte, à moins de supprimer complète-
ment cet article par un procédé un peu trop radical.

Ce que nous venons de dire du légataire
universel, nous pensons qu'il faut l'appliquer au
donataire par contrat de mariage de l'universalité
ou d'une quote-part de la succession du donateur.

Il en est de même de l'institué contractuel universel, que notre ancien droit assimilait à l'héritier
ab intestat.

Quant au donataire des biens présents et à venir,
simple successeur aux biens de l'ancien droit, nous
lui maintiendrons ce caractère, dans le silence de
la loi.

L'héritier légitime *ab intestat* est tenu des dettes
ultra vires; mais, à côté des héritiers légitimes, nous
savons qu'il y a place dans notre Code pour les
successeurs irréguliers : les enfants naturels et autres parents naturels, le conjoint survivant ; nous
pensons qu'ils ne sont pas tenus *ultra vires*, et par
conséquent n'ont pas besoin d'invoquer le bénéfice
d'inventaire ; l'art. 756 leur refuse expressément
le caractère d'héritiers ; ils ne sont pas successeurs
à la personne, mais seulement aux biens, et en

outre, l'art. 724 n'impose qu'aux héritiers légitimes l'obligation de supporter tous les charges de la succession.

Quant aux successions anomales (successions de l'ascendant donateur, de l'adoptant et de ses enfants, des frères légitimes de l'enfant naturel), nous pensons que ces successeurs ne sont tenus des dettes qu'*intra vires emolumenti ;* ils ont bien un droit de succession, et non pas, comme le prétendent certains auteurs, un simple droit de retour ; mais, appelés à ne recueillir que des objets particuliers, ils ne peuvent être considérés comme représentant la personne du défunt, comme appelés à son hérédité.

Ainsi donc le bénéfice d'inventaire, accordé par la loi sans qu'aucune dérogation puisse être introduite par la volonté du *de cujus*, peut être revendiqué par tout héritier, représentant de la personne du défunt, appelé à l'universalité de l'hérédité.

Il est accordé séparément et individuellement à chacun des héritiers, et le parti pris par l'un n'engage nullement les autres.

L'héritier sous bénéfice d'inventaire est un véritable héritier. Il a accepté, et son acceptation est désormais irrévocable.

Comme l'héritier pur et simple, il est saisi de plein droit des biens, droits, et actions du défunt, et c'est contre lui que doivent être intentées les actions des créanciers ou légataires. La propriété des biens réside en sa personne, il est seulement tenu de rendre compte de leur administration. C'est un héritier; mais, il ne peut profiter de la succession et s'approprier la moindre partie des biens avant le payement des créanciers. Tel est l'héritier bénéficiaire.

CHAPITRE II.

DES CONDITIONS ET DES FORMALITÉS DE L'ACCEPTATION
BÉNÉFICIAIRE.

L'héritier qui, aux termes de l'art. 778, n'a pas
accepté purement et simplement la succession soit
par une acceptation expresse, soit en faisant acte
d'héritier par une acceptation tacite, peut revendiquer le bénéfice de la loi et n'accepter que bénéficiairement. Certaines conditions sont exigées par
la loi ; c'est à leur réalisation qu'elle a subordonné
l'obtention du bénéfice. Leur étude fera l'objet de
ce chapitre.

Une déclaration d'acceptation sous bénéfice d'inventaire, et la confection d'un inventaire, tout cela
dans les limites de délais spéciaux, telles sont les
formalités légales que nous allons étudier.

1. De la déclaration d'acceptation sous bénéfice
d'inventaire.

L'acceptation pure et simple est présumée par
la loi dans le silence de l'héritier. L'héritier qui

veut accepter bénéficiairement doit donc manifester expressément sa volonté.

Il doit déclarer, dit l'art. 793, au greffe du tribunal de 1re instance dans l'arrondissement duquel la succession s'est ouverte, qu'il n'entend prendre la qualité d'héritier que sous bénéfice d'inventaire.

Par là le législateur a voulu obtenir une manifestation de volonté formelle et une certaine publicité qui peut être utile aux tiers. Il importe en effet que les créanciers soit promptement avertis. Cette déclaration, ajoute l'art. 799, doit être inscrite sur le registre destiné à recevoir les actes de renonciation.

La loi a exigé un registre unique pour les acceptations bénéficiaires et les renonciations dans un intérêt de publicité ; les tiers, avertis ainsi plus facilement du parti pris par l'héritier, pourront prendre les mesures conservatoires nécessaires.

L'héritier est assisté, pour faire la déclaration, d'un avoué à qui l'art. 91 du tarif alloue une vacation de 3 fr. à Paris, de 2 fr. 25 dans le ressort de la Cour d'appel (loi du 16 février 1807). Sa mission est de constater l'identité de l'héritier ; la déclaration sera donc valable, si le greffier connaît personnellement l'héritier. La déclaration faite en dehors du greffe ou au greffe d'un autre tribunal que celui désigné par la loi, doit être tenue pour nulle ; mais il faudra toujours y voir une manifestation de volonté, et l'héritier ne pourra plus renoncer à la succession.

La déclaration inscrite sur une feuille volante, au lieu d'être insérée dans le registre, est valable; si cependant un préjudice avait été la conséquence de cette irrégularité, nous pensons que les inté-ressés devraient être indemnisés du tort que ce défaut de publicité a pu leur causer.

L'héritier n'est pas obligé de se rendre au greffe de sa personne; il peut se faire représenter par un mandataire; cette procuration doit être spéciale, et être annexée au registre, la certitude et l'irré-vocabilité de la procuration devant être garanties; mais, devant le silence de la loi, nous appliquerons l'art. 1985, et nous n'exigerons pas que la procu-ration soit faite en la forme authentique.

M. Carnot exige l'authenticité de la procuration. (Successions, art. 793.)

II. *De l'inventaire.*

La déclaration est faite. Mais elle n'a d'effet, dit l'art. 794, qu'autant qu'elle est précédée ou suivie d'un inventaire.

Qu'arrivera-t-il si cette seconde condition n'est pas réalisée et si un inventaire n'est pas fait?

Il est évident que l'héritier ne sera pas héritier bénéficiaire, il n'a pas réalisé les conditions exi-gées par la loi; mais quelle sera sa situation? Il a accepté la succession, il est donc héritier, et ne peut plus renoncer ; il n'est pas héritier bénéficiaire, il sera donc héritier pur et simple. Il n'a, nous dit-on, accepté que sous bénéfice ; c'est vrai ; aussi il pourra réclamer les avantages de son acceptation, mais, pour cela, il doit en remplir les conditions, et tant qu'il ne le fait pas, il sera considéré comme héritier pur et simple.

Un inventaire doit être fait.

Le Code Napoléon nous renvoie au Code de procédure ; il exige que l'inventaire soit fait dans les formes réglées par les lois sur la procédure.

Cet inventaire doit contenir, dit l'art. 943, C. de proc., la description complète de tous les titres, papiers, argent, meubles et effets de la succession ; les papiers doivent être cotés par première et dernière et paraphés de la main d'un des notaires.

Il doit être fidèle et exact : fidèle, en ce sens que l'héritier ne doit commettre volontairement ni omission, ni divertissement ; exact, en ce sens que toute erreur ou oubli involontaires doivent être soigneusement évités. L'art. 943 exige de ceux qui ont été en possession des objets ou ont habité la maison, le serment qu'ils n'ont détourné aucun objet, ni vu détourner, ni su qu'il en ait été détourné.

La fraude, comme nous le verrons plus tard, entraîne la déchéance de l'héritier (art. 801).

L'inexactitude involontaire ne pouvait être pu-
nie aussi sévèrement ; l'héritier n'encourra aucune déchéance, il lui suffira de faire compléter
l'inventaire.

La loi n'exige la description que des meubles ;
et, en effet, les immeubles ne peuvent disparaître,
et il n'est pas urgent d'en constater l'existence ; il
suffit d'en inventorier les titres.

Les effets mobiliers doivent être estimés dans
l'inventaire, et cela à juste valeur et sans crue.
Le législateur a voulu par là prohiber cet usage
universel de notre ancien droit, introduit en 1556
par un édit de Henri II, qui consistait à élever
d'un quart toute estimation, sous prétexte qu'elle
n'avait pas été faite à juste mesure. Il est bien
évident que cela ne remédiait à rien, les experts
abaissant en conséquence leur évaluation.

C'est aux commissaires-priseurs, dans le chef-
lieu de leur résidence, et aux greffiers de justice
de paix, partout ailleurs, qu'est confié le soin de
cette estimation.

L'art. 943 exige encore que l'inventaire con-
tienne certaines mentions : désignation des noms,
professions, etc., des requérants, comparants, absents, du notaire, des commissaires-priseurs, etc. ;
mention de la remise des effets et papiers, s'il y a
lieu, et désignation de la personne.

S'il n'y a aucun effet à inventorier, il faut suppléer à l'inventaire par un procès-verbal de ca-

rence, qui est de rigueur, la notoriété publique ne suffisant pas; il est dressé par le juge de paix.

C'est à la partie intéressée, c'est-à-dire à l'héritier, qui veut accepter bénéficiairement, que la loi impose l'obligation de faire inventaire; et il semble que cet inventaire des *biens de la succession* ne doive être dressé qu'après l'ouverture de la succession. Cependant, ce que veut la loi, c'est qu'il y ait un inventaire; nous pensons donc que, dans un sage motif d'économie, l'héritier pourra profiter de tout inventaire dressé, soit par un cohéritier, soit par les créanciers (art. 909, 930, 946), soit même par le *de cujus;* mais, comme il est responsable des inexactitudes ou des infidélités, il devra avoir soin de procéder à un procès-verbal de récolement, qui comprendra les objets omis et distraira les objets qui n'existent plus.

S'il y a plusieurs héritiers bénéficiaires, un seul inventaire suffit; mais tous les héritiers sont responsables de sa confection.

C'est à un notaire qu'est confiée la rédaction de l'inventaire; l'héritier le choisit; en cas de dissentiment entre les héritiers, on remet généralement au tribunal le soin de la désignation.

L'art. 942, C. pr., exige que l'inventaire soit dressé devant le conjoint survivant, les héritiers présomptifs, l'exécuteur testamentaire, les légataires ou donataires universels ou à titre universel; ces derniers peuvent se faire représenter par un notaire, s'ils habitent à plus de 5 myramètres. L'article ne parle pas des créanciers; est-ce à dire qu'il n'y a pas lieu de les appeler à l'inventaire? Quelques auteurs et un arrêt de la C. d'Amiens du 25 février 1809 considèrent l'énumération comme limitative et écartent les créanciers. La doctrine admet maintenant le contraire. Les créanciers peuvent requérir l'apposition des scellés et former opposition à la levée hors leur présence (art. 820, 821, C. N.). Or, ces créanciers opposants doivent être appelés à la levée des scellés (art. 931, C. pr.), levée qui est faite au fur et à mesure que l'inventaire se fait (art. 937); ils ont donc le droit d'être appelés à la confection de l'inventaire. Mais c'est un droit qui découle de leur opposition; il faut en conclure que les créanciers non opposants n'ont aucun titre pour figurer à l'inventaire.

C'est ce qu'a décidé un arrêt de cassation, du 16 nov. 1864.

Nous venons de parler des scellés; leur apposition est-elle exigée par la loi, et l'héritier doit-il tout d'abord la requérir? L'art. 810 qui dit : les frais de scellés, *s'il en a été apposé*, tranche la question. Néanmoins, c'est une mesure de prudence qui doit être recommandée à l'héritier; elle a pour effet de le mettre à l'abri de tout soupçon. Dans notre ancien droit, au contraire, Lebrun voyait là une condition rigoureuse du bénéfice d'inventaire.

Ainsi, un inventaire fidèle et exact, fait en la forme authentique, en présence des intéressés, telles sont les formalités exigées par la loi.

Si toutes ces formalités n'ont pas été observées dans l'inventaire, nous ne pensons pas qu'il doive en résulter la déchéance de l'héritier. La fraude seule entraîne après elle cette conséquence; le législateur a pris soin de nous le dire pour ce cas seulement. Si la formalité est substantielle, l'inventaire sera nul, et l'héritier devra le recommencer à ses frais.

Chabot seul, je crois, soutient l'opinion contraire (art. 794, n° 5), mais sans l'appuyer sur aucun argument.

La loi exige l'inventaire; c'est la seconde condition imposée à l'héritier.

Le *de cujus* pourrait-il en dispenser son héritier et l'autoriser à accepter la succession sous bénéfice d'inventaire sans faire d'inventaire? Non; là encore la volonté du défunt se briserait contre la volonté de la loi; c'est la loi qui accorde ce bénéfice, c'est à elle seule de le réglementer. Cette dispense serait d'ailleurs en contradiction directe avec l'objet de l'inventaire. En effet, l'héritier bénéficiaire n'étant tenu des dettes et charges que jusqu'à concurrence des biens dont la succession se compose, il est nécessaire qu'il fasse constater par un inventaire la consistance et la valeur des biens, afin qu'on ne lui demande pas plus qu'il n'a trouvé dans la succession, et que lui-même n'ait pas la possibilité de soustraire aux créanciers et légataires une partie de ce qu'il a recueilli.

C'est là le but et l'utilité de l'inventaire, sa raison d'être.

III. *Des délais.*

L'inventaire doit être fait dans les délais qui seront ci-après déterminés, dit l'art. 794, et les art. 795-799 nous parlent de délais. Mais il ne faut pas chercher dans ces articles une règle exclusive pour le bénéfice d'inventaire ; leur objet est plus étendu, et la règle posée domine toute la matière des successions : il eût été plus logique d'en faire une section séparée. Le législateur se place, en effet, avant l'acceptation bénéficiaire ; il met l'héritier en face de créanciers poursuivants, et il se demande quels délais lui sont assurés.

L'héritier, dit l'art. 795, a trois mois pour faire inventaire, à compter du jour de l'ouverture de la succession. Il a de plus, pour délibérer sur son acceptation ou sur sa renonciation, un délai de quarante jours, qui commencent à courir du jour de l'expiration des trois mois donnés pour l'inventaire, ou du jour de la clôture de l'inventaire s'il a été terminé avant les trois mois.

Ce n'est pas là, comme l'article semble le dire, un délai rigoureux dont l'expiration entraîne la déchéance de l'héritier ; c'est un délai minimum que la loi lui assure ; elle veut qu'il puisse, en pleine connaissance de cause, en pleine liberté d'esprit, étudier la succession, faire l'inventaire, prendre parti ; et elle écarte les poursuites, et elle permet au successible d'éviter toute condamnation. Ce délai expiré, la situation est changée ; les tiers sont intéressés à ce que l'incertitude ne se perpétue pas, il est bon qu'un parti soit pris et que le défunt ait enfin un successeur ; aussi les créanciers, les intéressés de toute sorte, peuvent-ils forcer le successible à se déclarer, à prendre qualité. Mais, dans le silence des intérêts opposés, le successible conserve son droit, et nous verrons, dans l'art. 800, qu'il peut toujours se porter héritier bénéficiaire. Telle est la pensée de la loi, et le sens qu'il faut attacher aux articles.

Ainsi, trois mois pour dresser l'inventaire, quarante jours pour délibérer, telles sont les limites du délai. Le premier délai court de plein droit du jour de l'ouverture de la succession ; l'ignorance du successible n'en suspend pas le cours. En cas de renonciation ou de mort du successible appelé, le délai court pour le nouvel héritier du jour de la renonciation ou de l'acceptation de la seconde succession.

Le délai de délibération commence à l'expiration des trois mois, que l'inventaire soit ou non achevé ; mais il peut commencer plus tôt, du jour de la clôture de cet inventaire.

Ces délais peuvent être prolongés. Sur la demande du successible poursuivi, le tribunal, saisi de la contestation, a le droit de lui accorder un nouveau délai (art. 798). Rien ne limite le pouvoir des tribunaux, et ils pourraient accorder plusieurs délais successifs. Les expressions *un nouveau délai...* de l'article, ne nous paraissent pas devoir être entendues dans un sens limitatif, et, si les mêmes circonstances ou de nouvelles rendent un nouveau délai nécessaire, il devra être accordé. La durée de ces délais supplémentaires est subordonnée aux circonstances et à l'appréciation du juge.

Pendant ces délais, le successible n'a pas pris parti; il doit donc pouvoir éviter toute condamnation sur les poursuites dirigées contre lui en qualité d'héritier, et l'art. 797 lui accorde le droit d'opposer aux demandes formées une exception dilatoire (art. 174, C. pr.) qui suspend l'effet de la demande et l'empêche d'aboutir à une condamnation. Pendant les délais, dit l'art. 797, l'héritier ne peut être contraint à prendre qualité, et il ne peut être obtenu contre lui de condamnation. Ainsi, la demande n'aboutit pas, mais elle a été régulièrement formée, et comme la prescription court pendant les délais (2259), elle aura pour effet d'interrompre la prescription.

L'art. 797 se borne à dire qu'il ne pourra être obtenu de condamnation contre l'héritier. Il faut en conclure que les créanciers pourront faire et diriger contre l'héritier tous les actes et actions qui peuvent être dans leurs intérêts. L'héritier pourra seulement opposer l'exception dilatoire aux actions concluant à une condamnation. Ainsi, l'héritier peut être assigné en reconnaissance de l'écriture du défunt. L'art. 797 ne s'oppose pas non plus à l'accomplissement des actes purement conservatoires, comme le protêt, la signification à l'héritier des titres exécutoires contre le défunt (art. 877). Quant aux actes d'exécution, nous pensons, suivant l'esprit de l'art. 797, que le créancier pourra valablement faire tous ceux qui n'ont qu'un caractère et des effets conservatoires : commandement, saisie, actes nécessaires pour en assurer l'effet, etc., mais qu'il ne pourra obtenir une exécution définitive par la vente des biens. Il ne faut pas, en effet, laisser le successible désarmé contre des actes qui, en dénaturant la succession, peuvent modifier la volonté de l'héritier, et le forcer indirectement à prendre qualité.

La jurisprudence, en déclarant valables des actes de poursuite exercés, reconnaît au tribunal le droit d'accorder un sursis, sur la demande du successible, et les fait rentrer par conséquent dans l'art. 797. (C. de Bordeaux, 30 juillet 1834 ; C. Angers, 18 août 1848.)

Il est bien évident que l'art. 797 ne s'appliquera plus si, avant l'expiration des délais, le successible a pris qualité et a accepté bénéficiairement, quand bien même l'inventaire ne serait pas encore fait; le successible a accepté, il est héritier; l'exception dilatoire ne se justifierait plus.

Pendant les délais, le successible n'a pas pris parti, il n'est pas héritier. Il aurait été imprudent cependant de lui refuser tout pouvoir sur la succession; des actes d'administration peuvent être nécessaires, et il est de l'intérêt de tous qu'ils soient faits. Aussi peut-il, en qualité d'héritier présomptif, faire tous les actes purement conservatoires, de surveillance et d'administration provisoire (art. 779); l'art. 796 l'autorise en outre à faire des actes qui dépassent les limites de l'administration provisoire; ainsi, il peut vendre les objets susceptibles de dépérir ou dispendieux à conserver. C'est dans ce sens et avec cette limitation qu'il faut entendre l'art. 986 (C. proc.), qui parle d'effets mobiliers. Cette vente, pour ne pas être considérée comme acte d'héritier, doit être faite dans certaines formes; l'autorisation doit être demandée par requête au président du tribunal, et la vente doit être faite par officier public, après les affiches et publications exigées au C. proc. pour la vente des meubles saisis.

Pendant les délais, le successible n'est pas héritier; ce n'est donc pas lui, s'il renonce, qui devra supporter les frais faits légitimement par lui à cette époque (797); et, en effet, il ne les a faits que dans l'intérêt de la succession; ce délai expiré, c'est lui, au contraire, qui devra les supporter; il n'avait qu'à prendre parti de suite.

Quant aux frais faits pendant les délais judiciaires, l'art. 799 distingue : l'héritier justifie-t-il qu'il n'a pas eu connaissance du décès, ou que les délais légaux ont été insuffisants, soit à raison de la situation des biens, soit à raison des contestations survenues, la succession supportera les frais; dans le cas contraire, le successible les supportera. Le législateur a voulu par là empêcher l'abus; les héritiers, menacés des frais, ne demanderont que dans des cas de nécessité réelle une prolongation des délais, toujours préjudiciable aux intérêts des créanciers.

Telle est la situation du successible pendant les délais. Les délais expirés, que devient-il et quelle est sa situation? Désormais, il peut être contraint de prendre un parti; si des poursuites sont dirigées contre lui, il ne peut plus opposer d'exception; il faudra qu'il se prononce, et, s'il ne se hâte, il se verra condamner comme héritier pur et simple. Mais aucune déchéance ne vient le frapper, et il pourra toujours faire inventaire et accepter la succession bénéficiairement.

C'est ce qui résulte de l'art. 800, qui maintient expressément à l'héritier le droit, après l'expiration des délais, de faire inventaire et de se porter héritier bénéficiaire.

Cet article fut introduit dans le Code tel qu'il est,

malgré la section de législation qui le modifiait singulièrement par une dernière disposition ainsi conçue : « Cette faculté ne s'étend pas au delà « d'une année, à compter du jour de l'expiration « des délais. » Il fallait, disait-on, prévenir les fraudes, entourer l'inventaire de garanties sérieuses, et pour cela forcer à le faire dans un délai assez bref. Il fut répondu que la faculté de se porter héritier bénéficiaire n'avait jamais été limitée, et que d'ailleurs la disposition de l'article 800 ne causait à personne aucun préjudice, les créanciers ayant toujours le moyen de revendiquer leurs droits, et l'art. 800 fut maintenu sans modification.

Le droit du successible est resté intact; il peut toujours se porter héritier bénéficiaire.

Cependant, dans trois cas que nous allons étudier, l'héritier est déchu de cette faculté.

Et, tout d'abord, lorsque trente ans se sont écoulés, nous pensons que la faculté d'accepter bénéficiairement ne peut plus être exercée, entendant l'art. 789 en ce sens que la prescription a pour effet de mettre l'héritier en dehors de la succession, et qu'il est en quelque sorte redevenu un étranger. C'est ce qu'a décidé un arrêt de la Cour de Paris du 3 février 1848.

L'interprétation de l'art. 789 a soulevé de vives discussions et donné le jour à de nombreux systèmes; ce n'est pas ici le moment de les étudier.

Nous ne voulons que faire remarquer l'inconvénient des systèmes qui, après trente ans, main-
tiennent au successible le droit d'accepter, et aussi
d'accepter bénéficiairement ; il sera au bout de ce
long temps impossible de dresser un inventaire, et
la pratique viendra se heurter à des impossibilités
de fait et aussi à des fraudes trop faciles.

Mais, avant l'arrivée des trente ans et l'accomplissement de la prescription, le successible peut
être privé du bénéfice d'inventaire.

L'art. 800 ne le lui réserve en effet que s'il n'a
pas fait acte d'héritier. Nous savons que l'acte
d'héritier entraîne une acceptation pure et simple
(art. 778) ; le successible a accepté purement et
simplement, il ne peut donc plus accepter bénéficiairement ; c'est de toute évidence. Faire acte
d'héritier, c'est faire un acte qui suppose nécessairement l'intention d'accepter, et que l'héritier
n'aurait droit de faire qu'en sa qualité d'héritier ;
telle est la définition que donne l'art. 778. Il y a
là une question de fait, qui doit être la plupart du
temps abandonnée à l'appréciation des tribunaux,
et sur laquelle les circonstances exercent nécessairement une grande influence. Il est des actes cependant sur lesquels le doute n'est pas possible,
ainsi les demandes en partage, les compromis, les
transactions, les aliénations, les constitutions
d'hypothèque. Quant aux actes d'administration,
au payement des dettes (1236), des droits de suc-

cession, ils ne sont pas des actes d'héritier, et ils n'enlèveront pas au successible la faculté que lui reconnaît l'art. 800.

L'acte juridique n'a pas besoin d'être valable pour entraîner l'acceptation pure et simple; le législateur ne considère en effet que l'intention, la manifestation de volonté, et elle reste la même en cas de nullité ou de validité de l'acte.

Enfin, ajoute l'art. 800, l'héritier conserve la faculté de faire encore inventaire, s'il n'existe pas contre lui de jugement passé en force de chose jugée, qui le condamne en qualité d'héritier pur et simple. C'est là la troisième exception. Elle a donné lieu à de vives controverses et a soulevé une importante discussion. On ne compte pas moins de cinq systèmes, qui, interprétant à leur sens la fin de l'art. 800, se disputent l'intention du législateur et la volonté de la loi.

Quelle est la valeur et la force du jugement? Quelle est l'étendue de ses effets? Le successible condamné est-il déchu à l'égard de tous du bénéfice d'inventaire, ou bien le créancier qui a obtenu le jugement peut-il seul s'en prévaloir? Tel est le débat qui partage la doctrine.

Par jugement passé en force de chose jugée on entend généralement tout jugement contradictoire ou par défaut, contre lequel on ne peut plus se pourvoir, ni par opposition, ni par appel, n par requête civile, ni par recours en cassation.

Nous pensons que la déchéance de l'art. 800
est simplement relative, que le créancier seul qui
aura obtenu le jugement pourra en revendiquer
les effets; que le successible, en un mot, n'est pas
déchu envers et contre tous de la faculté d'accepter bénéficiairement.

C'était là, en effet, l'opinion de nos anciens auteurs, et Pothier dit dans son introduction au
titre 17 de la Coutume d'Orléans, « que l'héritier
« condamné peut toujours renoncer vis-à-vis des
« autres créanciers de la succession; » et ailleurs :
« L'héritier, ainsi condamné en qualité d'héri-
« tier... ne devient pas héritier pour cela; il ne
« peut être héritier sans avoir voulu l'être, en
« vertu de notre règle : N'est héritier qui ne
« veut (1). »

Le principe de droit qu'un jugement ne fait loi
qu'entre les parties entre lesquelles il a été rendu
est donc énergiquement maintenu par Pothier.

Que dit le Code et que trouvons-nous dans les
travaux préparatoires?

Il faut l'avouer, une discussion confuse et bien
des incertitudes.

Les rédacteurs du premier projet du Code civil
avaient proposé un article qui reconnaissait un
effet absolu, *erga omnes*, au jugement passé en
force de chose jugée, lorsqu'il était contradictoire.

(1) Pothier, Success., ch. 3, sect. 5.

A cet article, la section de législation du Conseil d'État en opposa un autre, qui maintenait le vieux principe, et déclarait que le jugement même contradictoire n'avait qu'un effet relatif. C'est sur cet article que la discussion s'engagea. Treilhard, Berlier, en soutinrent énergiquement le principe ; au contraire, Boulay, Malleville, Bigot Préameneu, le combattent.

Cette discussion est confuse, avons-nous dit. Cependant, malgré les incertitudes qu'elle peut laisser, il en résulte que l'article n'a pas été rejeté comme mauvais, mais retranché comme inutile, et cela immédiatement après l'observation de Berlier, qui en fit remarquer l'inutilité, si l'article 1351 venait à passer, « attendu que le principe général recevrait son application à cette « espèce comme à toutes les autres. »

N'y a-t-il pas là, dans ce rapprochement, la preuve que l'inutilité de l'article a été le motif de sa suppression, et n'apparaît-il pas évident que les législateurs pensaient comme nous en cette matière ?

Enfin, si nous arrivons au Code, en face de l'art. 800, nous trouvons un vieux principe consacré par l'art. 1351, une grande règle qui domine toute notre législation, et à laquelle il ne peut être porté atteinte sans un texte formel : c'est que le jugement n'a d'effet qu'au regard des parties entre elles. Tant qu'il ne nous sera pas opposé une exception, une dérogation, un texte de loi enfin, nous

avons le droit et le devoir d'appliquer l'art. 1351.
L'art. 800 exige que le jugement soit passé en
force de chose jugée ; or l'art. 1351 décide que
jamais un jugement ne peut passer en force de
chose jugée à l'égard d'autres personnes que les
parties, donc l'art. 800 n'a qu'un effet relatif
et ne peut être opposé à l'héritier par tous les
créanciers.

On nous objecte les inconvénients résultant de
la multiplicité et de la contrariété possible des
jugements ; mais n'en est-il pas de même dans tous
les cas, et l'objection est-elle particulière à notre
hypothèse? Et d'ailleurs le système opposé n'of-
fre-t-il pas d'autres inconvénients et d'autres dangers! Est-il juste d'enchaîner le successible aux
effets d'un jugement, rendu peut-être par défaut
sur un objet sans importance, indigne de ses soins
et de son attention? Et puis, en sens contraire, la
négligence ou la faute d'un créancier ne pourra-
t-elle pas préjudicier aux droits de ces cocréanciers, et la qualité de non héritier ne sera-t-elle
pas reconnue envers tous aussi légèrement que la
qualité d'héritier? N'est-il pas juste et équitable
au contraire de conserver à chaque intéressé la
garde de ses droits, et de réserver à lui seul la
défense de ses intérêts?

Et si on nous objecte l'inutilité de l'art. 800, si
on nous dit qu'il était inutile d'affirmer ainsi l'application de l'art. 1351, ne pouvons-nous répondre

qu'il était également inutile d'affirmer que l'acte d'héritier rendait impossible l'acceptation bénéficiaire et que celui qui avait accepté purement et simplement ne pouvait plus accepter bénéficiairement? Et cependant le législateur n'a pas craint de le dire, soucieux de préciser, sans que jamais le doute puisse s'élever, les cas de déchéance. Et précisément le silence du législateur n'aurait-il pas eu pour conséquence de soulever une question, et ne se serait-on pas demandé si le successible condamné comme héritier ne pouvait pas se porter bénéficiaire vis-à-vis du créancier même, le jugement ne produisant d'autre effet que de lui enlever le droit à la renonciation.

Ainsi, nous appuyant sur l'ancien droit, sur la volonté du législateur, sur le Code enfin, sur les vrais principes de droit, d'équité et de raison, soutenus par la jurisprudence et par les auteurs les plus accrédités de la doctrine (Demolombe, Zachariæ, Chabot, Duverger à son cours, etc.), nous pensons que le successible condamné en qualité d'héritier pur et simple conserve le droit au bénéfice d'inventaire vis-à-vis de toutes les personnes qui n'ont pas été parties au jugement.

Ce système soulève cependant de vives objections, et rencontre d'ardents contradicteurs ; nous allons rapidement passer en revue, en cherchant à les réfuter, les opinions opposées.

Un second système soutient que l'art. 800 renferme une dérogation formelle à l'art. 1351, à la règle de l'autorité purement relative de la chose jugée, et conclut à la déchéance absolue du successible.

Il s'appuie sur le texte même de l'art. 800, sur l'indivisibilité de la qualité d'héritier, enfin sur la nature du quasi contrat que le jugement a pour effet de former entre les parties. L'acte d'héritier, disent-ils, a un effet absolu ; or le texte de l'article prouve bien que le législateur avait l'intention de faire produire au jugement les mêmes effets qu'à l'acte. Donc...

Et cette exception à l'art. 1351 s'explique : peut-on comprendre la divisibilité du titre d'héritier, et imaginer un individu étant et n'étant pas à la fois héritier ? Cela repugne au bon sens.

Enfin, ajoute Merlin, l'instance forme un quasi contrat, et le quasi contrat doit produire les mêmes effets que le contrat. Or, si l'héritier avait fait un contrat avec un créancier, il aurait par là fait acte d'héritier et serait devenu héritier *erga omnes*.

Nous répondrons :

Au premier argument,—qu'il n'y a là rien d'assez formel pour supposer une telle dérogation aux principes, et qu'on ne peut conclure de la juxtaposition de deux dispositions qu'elles doivent nécessairement produire les mêmes effets, d'autant plus que l'art. 800 était maintenu à côté de l'article du Conseil d'Etat (art. 67) qui limitait l'effet du jugement.

Au deuxième argument—que l'indivisibilité empêche bien que la qualité d'héritier soit accordée ou refusée pour partie, mais non que l'on soit considéré comme héritier à l'égard de telle personne, et non à l'égard de telle autre. D'ailleurs, est-il quelque chose de plus indivisible que l'état des personnes, et cependant nous savons que l'article 1351 s'applique sans exception en cette matière (art. 100).

Au troisième argument enfin — que le contrat a un effet absolu *erga omnes*, parce que c'est un acte volontaire, qualité qu'on ne peut certes attribuer au jugement; or n'est héritier qui ne veut.

Un troisième système (Marcadé, C. Montpellier, 1er juillet 1828), cherche à concilier l'article 1351 et l'art. 800. Il ne conteste pas l'autorité relative de la chose jugée, mais il soutient que, dans le cas qui nous occupe, il y a une inaction de l'héritier qui doit être assimilée à un acte. Il repose tout entier sur une distinction entre les jugements contradictoires en dernier ressort, et les jugements rendus par défaut ou en premier ressort, qui, faute d'opposition ou d'appel, sont *passés* en force de chose jugée, distinction qui existe dans la loi, et que les art. 2157, 2215 ont mis au jour. L'art. 800, en parlant de jugements passés en force de chose jugée, vise la seconde hypothèse;

le successible n'a pas fait opposition, n'a pas
intenté d'appel; il y a là une inaction dans laquelle il faut voir un acte d'héritier, l'intention
d'accepter purement et simplement.

Nous répondrons que cette distinction n'existe
pas d'une façon précise et régulière dans notre
Code, et que les articles sont nombreux, qui, par
l'expression : passé en force de chose jugée, com-
prennent les jugements définitifs et en premier
ressort tout jugement, en un mot, qui ne peut
être réformé par les voies légales (art. 1262, 1263,
2056, 2061); le sens restreint que nous oppose le
système ne se retrouve que dans des articles qui
entendent précisément faire une opposition. Ne
serait-ce pas, d'ailleurs, exposer l'héritier à des
dangers fréquents? N'arrivera-t-il pas souvent que
l'héritier refusera de prolonger le débat pour un
intérêt modique qu'absorberaient les frais de l'appel ou de l'opposition? Que décider, d'ailleurs, s'il
a ignoré le jugement par défaut, et où trouver
dans son silence une acceptation tacite?

Un quatrième système propose une autre distinction tirée de la nature du débat, sur lequel le jugement est intervenu. La question débattue était-
elle précisément la qualité d'héritier acceptant, le
jugement a un effet absolu ; s'agissait-il, au contraire, d'une simple prétention d'un créancier contre l'héritier, l'effet n'est que relatif.

Ce système dénature complétement la volonté

du législateur et l'économie de la loi. Il suppose une vraie question d'acceptation, d'interprétation de l'expression : acte d'héritier ; et ce n'est pas dans notre section et dans l'art. 800 qu'est sa place.

Il y aurait d'ailleurs un pléonasme tellement apparent que nous ne pouvons en supposer le législateur coupable.

Enfin, *un cinquième système*, fort ingénieux (M. Valette), cherche dans une distinction d'une autre nature le sens de la loi. S'appuyant sur les travaux préparatoires, il voit dans l'art. 800 et dans l'hypothèse d'un jugement une limite extrême introduite par le législateur à la faculté d'accepter sous bénéfice d'inventaire ; après ce jugement, on pourra toujours accepter ou renoncer, mais on ne pourra plus accepter bénéficiairement.

Le droit romain limitait d'une façon précise la faculté du bénéfice d'inventaire.

Nos législateurs suivirent cet exemple, et la section de législation proposa d'ajouter à l'article cette disposition finale : « Cette faculté ne s'étend pas au delà d'une année, à compter de l'expiration des délais ; l'héritier ne peut ensuite qu'accepter purement et simplement, ou renoncer. » Le délai ne parut pas suffisant ; mais les législateurs, en l'effaçant, voulurent maintenir le second délai, variable, se prolongeant jusqu'au moment où l'héritier est condamné par un jugement irrévocable.

Seulement, par une regrettable inadvertance, la

fin de cette disposition, qui devait être maintenue, fut retranchée. Mais il est de notre devoir, à
nous qui connaissons la volonté du législateur et
le sens de la loi, de maintenir cette volonté, et de
conserver à l'article sa valeur : c'est donc ainsi
qu'il doit être rétabli et entendu. L'héritier conserve encore la faculté de faire inventaire et de se
porter héritier bénéficiaire, s'il n'a pas fait d'ailleurs acte d'héritier, ou s'il n'existe pas contre lui
de jugement ; il ne peut ensuite qu'accepter purement et simplement ou renoncer.

Nous repoussons ce système ; rien dans les travaux préparatoires n'indique cette volonté, et
nous croyons contraire aux règles de l'interprétation de rétablir une disposition retranchée, en se
basant sur l'erreur du législateur ; il nous faut
prendre l'article tel qu'il est.

D'ailleurs, les derniers mots de l'article ne s'ap-
pliquaient qu'au cas de déchéance par l'expiration
d'un délai préfixe, et il est impossible d'établir un
lien logique entre cette disposition et le jugement.
Enfin, ce système est contraire aux principes, en
accordant au jugement un effet absolu.

Nous resterons donc fidèles à la première opinion que nous avons exposée ; et nous pensons
que la prescription de trente ans ou l'acte d'héritier peuvent seuls enlever au successible, d'une
façon absolue, à l'égard de tous, le droit au bénéfice d'inventaire.

CHAPITRE III

DES EFFETS DU BÉNÉFICE D'INVENTAIRE.

Nous avons vu quels étaient à Rome les effets du bénéfice d'inventaire : nous allons les retrouver dans notre droit. L'héritier n'est tenu que dans les forces de la succession; le bénéfice d'inventaire, dit Zachariæ, c'est un bénéfice en vertu duquel l'héritier peut, moyennant l'accomplissement de certaines conditions, empêcher la confusion du patrimoine du défunt avec le sien propre, et se soustraire ainsi aux conséquences que la saisine entraîne relativement au paiement des dettes et charges de l'hérédité.

Ainsi les deux patrimoines ne se confondent pas, le successible reste maître absolu du sien, ses biens sont à l'abri de toute poursuite, et la fortune du défunt, seul gage des créanciers, répond seule des dettes et des charges qui peuvent grever la succession.

C'est là l'effet fondamental du bénéfice d'inventaire, c'est de cet effet que dérivent tous les autres.

Au point de vue pécuniaire, les deux personnalités restent distinctes, sans se confondre.

Mais l'héritier bénéficiaire n'en est pas moins un vrai héritier; c'est lui seul qui est propriétaire

Dubarle.   9

des biens de la succession, qui est possesseur en vertu de la saisine; il est héritier, et il est soumis au rapport, et il y a droit; il peut, s'il est réservataire, profiter de la réduction; — il est héritier, et désormais enchaîné à la succession qu'il a acceptée, il ne peut plus renoncer; — propriétaire de la succession, il la transmet à ses héritiers ; — enfin, sauf les modifications spéciales, que nous allons étudier, tous les droits, tous les devoirs de l'héritier pur et simple viennent le frapper.

De cette distinction des patrimoines, il résulte : que l'héritier bénéficiaire n'est tenu des dettes et charges de la succession que jusqu'à concurrence de la valeur des biens recueillis.

Que la confusion n'éteint pas les créances et les dettes de l'héritier à l'égard du défunt.

Que l'héritier peut se décharger de ses obligations en faisant abandon.

Nous allons étudier successivement ces trois effets principaux du bénéfice d'inventaire.

Section I.

Effets du bénéfice à l'égard de l'héritier bénéficaire.

I. *Le droit de poursuite des créanciers est limité aux biens de la succession.*

Art. 802. « L'effet du bénéfice d'inventaire est « de donner à l'héritier l'avantage: 1° de n'être

« tenu du paiement des dettes de la succession
« que jusqu'à concurrence de la valeur des biens
« qu'il a recueillis.... »

C'est l'inventaire dressé qui a révélé la valeur
des biens recueillis.

Il semble résulter de ce premier paragraphe que
l'héritier est tenu personnellement, sur ses propres
biens, des dettes de la succession, jusqu'à concurrence seulement de l'actif recueilli. C'est une
erreur ; l'art. 803 vient limiter les cas où l'héritier
est tenu personnellement, et des exceptions qu'il
apporte se dégage la règle que l'héritier bénéficiaire n'est aucunement tenu ; ce n'est que sur les
biens de la succession que les créanciers peuvent
agir.

Ce qui est vrai des dettes, est vrai également
des autres obligations de la succession ; les légataires pas plus que les créanciers ne pourront
poursuivre l'héritier sur ses biens personnels.
Nous n'avons pas ici à nous occuper de savoir si
l'héritier pur et simple est tenu des legs *ultra vires*.

Dans tous les cas, un avantage certain résulte
du bénéfice d'inventaire ; l'héritier pur et simple
est-il tenu *ultra vires*, l'héritier bénéficiaire ne sera
tenu que *intra vires* ; — est-il tenu *intra vires*, il
est tenu personnellement, et l'avantage du bénéfice sera alors de dégager le patrimoine de l'héritier bénéficiaire et de le soustraire aux poursuites
restreintes des créanciers.

L'héritier bénéficiaire n'est tenu personnelle-

ment que dans deux cas : si, mis en demeure
de présenter son compte, il ne l'a pas fait ; —
s'il se trouve reliquataire de sommes de la succession, (art. 804) ; — et encore, pensons-nous,
s'il a commis une faute grave, en raison de
laquelle il doit des dommages-intérêts. Mais dans
ces trois cas, la cause de l'obligation personnelle
est, non pas la qualité d'héritier, mais son fait ou
sa faute.

Ainsi les biens de la succession sont le seul
gage des créanciers; par biens de la succession, il
faut entendre les biens qui appartenaient au défunt
au moment de sa mort.

Mais que décider si, alors que l'héritier bénéficiaire a un cohéritier, l'acceptation par ce cohéritier, entraîne le rapport à la succession d'une
donation antérieure? La part de l'héritier bénéficiaire va s'accroître de la moitié des biens rappor-
tés, sera-t-il tenu des dettes sur cette moitié?

Tout d'abord, il semble bien que oui; c'est en
qualité d'héritier que l'héritier bénéficiaire re-
cueille ces biens, et il est choquant de lui voir
acquérir des biens sans qu'il soit tenu des dettes.

Cependant, il n'est pas possible d'admettre cette
opinion, que contredit formellement l'art. 857, en
déclarant que le rapport n'est pas dû aux créanciers de la succession. Et d'ailleurs, le défunt avait
fait sortir définitivement ces biens de son patrimoine, et les créanciers, ses ayants cause, ne
pouvaient compter les avoir en gage.

Il faut décider de même en cas de réduction de donation : on ne peut dire que ces biens sont dans la succession, au moins eu égard aux créanciers.

De même, nous ne reconnaissons pas aux créanciers le droit de poursuivre l'héritier sur le prix de la cession qu'il a faite de ses droits successifs ; ce n'est pas un bien de la succession ; et le patrimoine du *de cujus* est seul le gage des créanciers.

Ainsi donc l'héritier bénéficiaire n'est tenu que sur les biens de la succession, mais est-il tenu sur tous les biens ? cette question se pose à l'occasion des rentes sur l'État, que les lois du 8 nivose an VI et 22 floréal an VII ont déclaré insaisissables. Ces valeurs passent avec le même caractère entre les mains de l'héritier bénéficiaire. Faut-il en conclure que les créanciers ne pourront se faire payer sur ces rentes les créances qu'ils ont contre la succession ? Nous ne le pensons pas, l'opinion contraire serait inique. A coup sûr, la saisie-arrêt pratiquée entre les mains des agents du Trésor est toujours interdite aux créanciers, mais ils pourront obliger l'héritier à vendre le titre de rente et à leur rendre compte du produit.

En effet, ce que le législateur des lois de l'an VI a voulu, c'est faciliter le service des rentes et débarrasser la comptabilité nationale de difficultés incessantes; les créanciers ont donc le droit de se faire payer sur le produit de la vente, toutes les fois que la vente pourra se réaliser sans saisie arrêt ou opposition. C'est en ce sens qu'il faut entendre l'insaisissabilité des rentes sur l'État, d'autant plus que la loi de l'an VI (art. 4) prohibe seulement toute opposition ou saisie-arrêt. Nous déciderons donc que, si l'héritier refuse de vendre les titres, les créanciers pourront demander aux tribunaux d'en ordonner la vente.

Ainsi, et pour nous résumer, l'héritier bénéficiaire n'est tenu des dettes et charges de la succession que jusqu'à concurrence de la valeur des biens recueillis, et il n'est pas tenu personnellement.

II. *Les droits et obligations de l'héritier vis-à-vis la succession ne s'éteignent pas par confusion.*

Art. 802 : « ...2° De ne pas confondre ses biens « personnels avec ceux de la succession, et de con- « server contre elle le droit de réclamer le paie- « ment de ses créances. »

C'est là le second effet du bénéfice d'inventaire. La confusion ne s'opère pas, les patrimoines de la succession et de l'héritier demeurent distincts et séparés, il en résulte que les relations juridiques qui existaient entre les deux patrimoines pourront se maintenir ou de nouvelles prendre naissance, et nous allons voir de nombreuses conséquences se dégager de ce principe. Tous les droits personnels ou réels, droits d'hypothèque, de servitude, créances, etc., que le successible pouvait avoir contre le *de cujus*, ou réciproquement, seront maintenus : les deux patrimoines restent distincts ; leur situation juridique n'a pas changé, l'héritier n'est toujours qu'un étranger.

Ainsi l'héritier bénéficiaire a le droit d'exercer contre et sur la succession toutes les actions et tous les droits qu'il avait contre le défunt, de même que s'il n'était pas héritier. Et c'est juste, car autrement il paierait de ses propres biens les dettes, dont le défunt était tenu envers lui.

Comme les autres créanciers, il sera donc payé au marc le franc, s'il est chirographaire ; par préférence, s'il a une hypothèque ou un privilége : il pourra aussi poursuivre contre la succession la nullité ou la rescision de contrats passés avec le *de cujus.*

Non-seulement il conserve contre la succession les créances antérieures à la mort du *de cujus* ; mais aussi il peut en acquérir de nouvelles, soit au moyen d'une cession, soit par subrogation (art. 1251).

L'art. 1251 ne distinguant pas doit s'appliquer également aux paiements volontaires et aux paiements forcés, nous l'appliquerons aussi aux paiements des legs.

Et cette subrogation produira à son égard les mêmes effets que s'il était un étranger ; il jouira

de tous les droits du créancier à qui il sera subrogé,
et il n'aura pas, comme un héritier pur et simple,
à subir la restriction de son recours à la part con-
tributoire de chaque cohéritier; l'art. 875 apporte
une dérogation formelle à la règle générale :
nous savons en effet que l'héritier, qui poursuivi
par un créancier hypothécaire a dû payer la totalité de la dette, n'a pas un recours contre chacun
de ses cohéritiers pour la totalité des avances
faites, mais seulement pour leur part contribu-
toire ; une exception est admise en faveur de l'héritier bénéficiaire. Mais ici on peut se demander
si l'héritier bénéficiaire aura le droit d'agir pour
le tout, ou s'il devra déduire de ce qu'il a payé la
part de dettes afférente à sa portion héréditaire,
au moins jusqu'à concurrence des valeurs de la
succession qu'il a entre les mains? Nous pensons
qu'il aura son recours pour le tout; l'art. 875 ne
fait pas en effet de distinction et le compare à tout
autre créancier; d'ailleurs, le bénéfice d'inventaire ne doit-il pas le soustraire à toute obligation
personnelle à raison des dettes de la succession ?
Je sais bien que les cohéritiers auront plus tard
un recours contre lui; mais il ne faut pas oublier
que le bénéfice d'inventaire a pour effet de séparer
dans cet héritier les deux personnalités qu'il revêt :
comme créancier ordinaire et en vertu de la subrogation, il agira pour le tout contre les autres
héritiers; comme administrateur de la succession

il devra contribuer aux dettes, dans la mesure de l'actif.

Il pourra également profiter des remises qu'il aurait obtenues des créanciers du *de cujus*.

Quant aux retraits, nous ne pensons pas que l'héritier bénéficiaire puisse exercer, pour son propre compte, le retrait de droits litigieux cédés contre la succession ; il est difficile de voir en lui soit le débiteur du droit litigieux, soit le propriétaire de l'héritage, sujet au droit litigieux (1699-1701). C'est la succession qui a vraiment droit à ces deux qualités ; c'est en son nom seul qu'il pourra exercer ce retrait.

Quant au retrait successoral, nous ne pouvons lui refuser le droit de l'exercer ; il est héritier ; or, d'après l'art. 841, tout héritier peut écarter du partage tout cessionnaire du droit à la succession qui n'est pas successible ; mais dans ce cas, il devra contribuer aux dettes pour la part acquise, dans la même mesure que le cohéritier cédant, c'est-à-dire *ultra vires* si ce cohéritier avait accepté purement et simplement.

La compensation pourra s'établir si l'héritier bénéficiaire se trouve à la fois créancier et débiteur du *de cujus*, à moins toutefois qu'il n'y ait eu opposition formée par les créanciers, la compensation n'étant pas possible au préjudice des droits acquis par des tiers (art. 1298).

La distinction qui existe entre les deux patrimoines permet-elle à l'héritier bénéficiaire de se rendre adjudicataire des biens de la succession? On a soutenu que non, l'art. 1596 privant du droit d'adjudicataire le mandataire à l'égard des biens qu'il est chargé de vendre. Nous repoussons cette opinion, car il ne faut pas oublier que si, à un certain point de vue, l'héritier bénéficiaire peut être considéré comme mandataire des créanciers, le bénéfice a précisément pour effet de lui laisser sa personnalité, et qu'il a intérêt à ce que la vente se fasse d'une manière avantageuse.

Il peut se porter adjudicataire; mais il ne faut pas pousser à l'extrême les conséquences du bénéfice et en conclure qu'il y aura une véritable mutation. En effet, quelle que soit la séparation fictive introduite par la loi, l'héritier bénéficiaire n'en est pas moins en réalité propriétaire des biens héréditaires. Il n'aura donc pas à payer de droits de mutation, et s'il a un cohéritier, il acquerra l'immeuble net de toute hypothèque qui aurait pu le frapper du chef de ce cohéritier.

Il ne devient pas, il reste propriétaire des biens héréditaires; nous en concluons aussi qu'il ne peut pas purger.

Ainsi, l'héritier bénéficiaire conserve tous ses droits vis-à-vis de la succession, il les conserve également vis-à-vis des tiers, et il peut les exercer, alors même que son action ouvrirait aux tiers un recours en garantie contre la succession; il n'a pas à redouter l'application de la maxime : Que celui-là ne peut évincer qui serait tenu à garantie à raison de l'action : « Quem de evictione tenet « actio, eumdem agentem repellit exceptio. »

Ainsi, il pourra revendiquer son bien vendu par le défunt; exercer son action hypothécaire contre des tiers détenteurs de l'immeuble hypothéqué à sa créance.

Les tiers actionnés auront un recours contre la succession.

L'héritier bénéficiaire conservant ses droits personnels, pourra les exercer; mais quel sera son contradicteur; contre qui intentera-t-il les poursuites judiciaires?

Le législateur a prévu la question, et y a répondu dans l'art. 996 C. proc.

Existe-il des cohéritiers? C'est contre eux que seront intentées les actions; ce sont des contradicteurs naturels.

Dans le cas contraire, il sera désigné, sur la demande de l'héritier, par le tribunal du lieu de l'ouverture de la succession, un curateur au bénéfice d'inventaire.

Ainsi l'héritier conserve les actions qu'il a contre la succession, et il peut les intenter; cependant, l'art. 2258 déclare que la prescription ne court pas contre l'héritier bénéficiaire à l'égard des créances qu'il a contre la succession. Pourquoi? quel motif a inspiré le législateur? Ce n'est certes pas la maxime, que la succession ne court pas contre ceux qui ne peuvent agir, puisque l'héritier bénéficiaire peut agir.

Le législateur a pensé que la prescription ne pouvait courir contre le possesseur des biens qui forment le gage de sa créance; et, en effet, son inaction s'explique, et il ne faut pas y voir l'abandon d'un droit.

De cette explication, nous concluons que la prescription doit courir contre le bénéficiaire à l'égard des portions de sa créance que la division des dettes a mises à la charge de ses cohéritiers (art. 1220).

A partir de quelle époque date la suspension de la prescription? L'acceptation bénéficiaire a-t-elle pour effet de la faire rétroagir au jour de l'ouverture de la succession?

Il semble bien, d'après l'art. 2259, que la prescription ne puisse être suspendue que du jour de l'acceptation; je serais cependant disposé à adopter l'opinion contraire; l'art. 777 ne distingue pas, tous les effets de l'acceptation remontent au jour de l'ouverture de la succession.

Réciproquement, la prescription est-elle suspendue en faveur de la succession pour les créances qu'elle a contre l'héritier? Nous ne le pensons pas; l'art. 2258 ne suppose pas cette hypothèse, et dans le silence de la loi il nous faut appliquer les principes. Et il n'y a aucune fraude à craindre, l'héritier bénéficiaire, en tant qu'administrateur, serait responsable de sa négligence.

III. De l'abandon par l'héritier bénéficiaire des biens de la succession.

Art. 802 : « .... Même de pouvoir se décharger « du paiement des dettes en abandonnant tous « les biens de la succession aux créanciers et aux « légataires.... »

La loi accorde à l'héritier bénéficiaire le droit d'abandon ; ce n'est pas lui, en effet, qui est débiteur des créanciers, c'est la succession ; et, comme tout détenteur, il peut s'affranchir des poursuites par l'abandon. D'ailleurs, il y a un motif de prudence à lui accorder ce droit ; si la succession est décidément mauvaise, et s'il a la certitude de ne pouvoir en retirer aucun bénéfice, comment serait-il un administrateur intelligent et dévoué, et n'y aurait-il pas à craindre une négligence bien naturelle? Il est sage de remettre l'administration des biens à ceux qui ont intérêt à en tirer le meilleur parti.

L'abandon doit être fait à tous les créanciers et légataires ; tous sont également intéressés. Mais il ne faut pas voir, comme Chabot (art. 802, p. 7), un acte d'héritier, et par suite une acceptation pure et simple dans l'abandon fait à quelques créanciers seulement ; et, en effet, cet abandon n'est pas un acte de disposition, une dation en paiement; c'est simplement un délaissement de possession; seulement il ne sera pas opposable aux autres créanciers.

Le droit d'abandon appartient à chaque héritier bénéficiaire, individuellement; il n'est pas nécessaire que le même parti soit pris par tous les héritiers.

L'héritier doit abandonner la totalité des biens héréditaires, avec les accessoires qui en dépendent, les accessions qui ont pu survenir, les fruits qu'il a pu recueillir.

Il doit abandonner tous les biens de la succession, c'est-à-dire tous ceux qui appartenaient au défunt à son décès; nous ne comprendrons donc pas les biens provenant de rapport ou de réduction.

L'héritier doit rendre compte de son administration jusqu'au jour de l'abandon.

Comment cet abandon doit-il être fait? quelles formalités sont exigées, quelles précautions prises? La loi ne l'indique nulle part. Les opinions sont partagées.

Les uns exigent des notifications individuelles à tous les créanciers et légataires, afin qu'ils en aient tous connaissance (Chabot).

D'autres exigent une déclaration au greffe; ils appliquent par analogie les art. 784 et 2174, sur la renonciation et le délaissement d'un immeuble hypothéqué.

D'autres enfin ne permettent l'abandon que sur

la poursuite des créanciers, restreignant sans motif un droit général, et oubliant que l'héritier a intérêt à se débarrasser de l'administration bien avant toute poursuite.

Nous pensons avec Merlin que, dans le silence de la loi, l'héritier bénéficiaire pourra avoir recours à tout moyen de publicité, notification ou déclaration au greffe, suffisant pour une manifestation formelle et publique d'abandon.

L'abandon n'est pas un acte d'aliénation ; il n'y a pas de mutation de propriété ; il en résulte qu'il n'y aura pas de droit d'enregistrement à payer ; il en résulte aussi que le tuteur d'un mineur ne devra pas, pour faire cet abandon, remplir les formalités imposées par la loi pour l'aliénation des immeubles (art. 457, 458).

Nous verrons que l'héritier bénéficiaire ne peut plus renoncer à la succession ; on en conclut qu'il faudra voir un abandon dans la déclaration faite par lui qu'il renonce à la succession. C'est une question d'interprétation de volonté.

L'abandon n'est pas irrévocable ; et l'on reconnaît à l'héritier le droit de reprendre l'administration des biens, à condition toutefois qu'il offre de payer intégralement les dettes et charges de l'hérédité.

Il n'a pas non plus pour résultat de priver l'héritier des avantages de l'inventaire, et il conserve le droit de profiter de l'actif net.

L'abandon a été fait ; comme nous l'avons dit,

la succession n'est pas pour cela vacante, il n'y aura donc pas lieu de nommer un curateur à succession vacante. Mais qui devra alors pourvoir à l'administration? Ce n'est plus l'héritier; il s'en est déchargé. Nous pensons qu'il appartient aux créanciers d'adopter, pour l'administration des biens abandonnés, le mode qui leur paraît le plus convenable, et nous appliquerons à cette administration les règles qui régissent l'administration de l'héritier bénéficiaire; ainsi, ces biens ne pourront être vendus que suivant les formes prescrites pour la vente des biens d'une succession bénéficiaire. En cas de désaccord, le tribunal statuerait.

Il nous paraît difficile, dans le silence de la loi, de nommer un curateur aux biens abandonnés, comme le veulent Demolombe, Carnot, Merlin.

Nous ne pensons pas non plus que ce soit toujours contre l'héritier que les créanciers doivent intenter leurs actions; l'abandon a eu précisément pour but de le décharger de l'embarras de l'administration; ne serait-ce pas aller contre l'intention du législateur?

Nous venons d'étudier l'abandon; nous venons de voir les conditions auxquelles il est soumis, les formalités qui sont exigées, il reste à nous demander ce que c'est au juste que cet abandon, quel est son caractère et sa nature, quels sont ses effets: mais ici nous rencontrons dans les auteurs une grande incertitude et nous abordons une question qui a toujours été vivement controversée, aussi bien dans notre ancien droit que sous l'empire du Code.

Cet abandon n'est-il au fond qu'une renonciation qui enlève au bénéficiaire la qualité d'héritier et le rend étranger à l'hérédité, ou bien est-ce une simple décharge de l'administration ? C'est ainsi que la question se pose et l'on comprend l'intérêt qu'elle présente. De l'affirmative, il résulte en effet que l'héritier sera dispensé du rapport, mais aussi ne pourra plus l'exiger, qu'il ne pourra obtenir de réduction, que l'accroissement s'ouvrira en faveur des cohéritiers, qu'il sera affranchi de l'obligation de payer les droits de mutation, qu'un curateur à succession vacante devra être nommé, etc.

Nous avons admis la seconde opinion, nous pensons que la règle « semel heres, semper heres » doit s'appliquer même en cas d'abandon, et nous venons de dire pourquoi. C'était l'opinion de Pothier, qui ne pouvait admettre que l'abandon fût une renonciation déguisée.

L'art. 802 est du reste bien formel ; l'abandon, c'est une décharge de l'administration, nous dit-il, et l'on ne peut rien voir dans cette expression qui implique et autorise la renonciation. D'ailleurs, la matière n'est-elle pas dominée par la grande règle que l'acceptation est irrévocable, « semel heres, semper heres » ; l'héritier bénéficiaire n'est-il pas héritier, et de quel droit pourrait-il se décharger des obligations et des devoirs qui lui incombent,

Dubarle. 10

et auxquels il s'est soumis par son acceptation ? Le bénéfice est une faculté, nous dit-on, c'est un profit auquel il pourra renoncer. C'est vrai ; mais alors il redevient héritier pur et simple.

L'opinion contraire ne soulève-t-elle pas des difficultés ? A qui accorder le reliquat qui pourra rester après l'acquit de toutes les dettes et charges? Aux créanciers et légataires? mais ils ont été payés! Aux cohéritiers? mais l'héritier n'a voulu abandonner les biens qu'aux créanciers, et seulement pour se débarrasser d'une administration pénible. A l'héritier bénéficiaire ? Mais nos adversaires prétendent qu'il a voulu renoncer et n'est plus héritier !

Aussi nous pensons que, si le législateur avait voulu que l'abandon entraînât la renonciation, il l'aurait dit expressément, et dans le silence de la loi, appliquant simplement l'art. 802, nous ne verrons dans l'abandon que le moyen pour l'héritier de se décharger sur les créanciers d'une administration onéreuse et improductive.

Section II.

Effets à l'égard des créanciers et légataires.

Nous avons vu le principal effet du bénéfice d'inventaire; le gage des créanciers et des légataires est limité aux seuls biens de la succession ; mais de ce bénéfice ne résulte-t-il pas d'autres effets, intéressant spécialement les créanciers et les léga-

taires, et en cas de solvabilité de l'héritier, les inconvénients qu'il leur apporte ne sont-ils pas
compensés par quelques avantages ? C'est ce que
nous allons étudier dans cette section.

1. Le bénéfice d'inventaire a-t-il pour effet d'entraîner l'exigibilité des créances à terme ? L'héritier bénéficiaire perd-il le bénéfice du terme ?

On l'a soutenu, s'appuyant sur une assimilation
entre le bénéfice d'inventaire et la faillite; or, nous
savons que le failli perd le bénéfice du terme,
(art. 444 C. de comm.), assimilation dont on trouve
la trace dans l'art. 2146 C. civ. D'ailleurs n'est-il
pas juste d'accorder aux créanciers à terme le droit
de venir à la succession, et ne serait-il pas inique
de les forcer à rester témoins impuissants d'une
distribution générale, de sorte qu'au jour d'échéance
du terme il ne restât plus rien ? Enfin nous verrons
que l'art. 808 ne fait pas de distinction ; de quel
droit distinguer ?

Nous repoussons ce système ; et d'abord nous
nions l'assimilation absolue qu'on veut établir entre
le bénéfice d'inventaire et la faillite, assimilation
qui nous paraît incompatible avec la nature du
bénéfice d'inventaire. Il constitue en effet une
faveur au profit de l'héritier bénéficiaire, c'est dans
son intérêt qu'il a été établi ; comment serait-il
possible de retourner contre lui la volonté de la
loi, et de lui faire produire des résultats désastreux ?

Il n'est pas non plus possible en bonne logique

d'étendre, comme le veulent nos adversaires, l'art. 2146 et de conclure que le bénéfice d'inventaire, parce qu'il produit un des effets de la faillite, produit également tous les autres.

Nous ne voyons d'ailleurs aucun avantage pratique dans l'affirmative; il ne faut pas croire que le créancier à terme sera dépouillé de toute garantie et ne pourra rien recueillir de la succession; il n'aura qu'à faire opposition, il empêchera par là que les payements soient faits autrement que par voie de distribution judiciaire, et tous ses droits seront ainsi garantis.

Il est bien entendu que, si le défunt était en déconfiture ou en faillite, nous appliquerions les règles de la faillite et que les dettes à terme deviendraient exigibles, mais cela ne serait nullement par le fait du bénéfice d'inventaire.

II. Nous ne pouvons non plus admettre avec Lebrun dans l'ancien droit, et MM. Bilhard et Poujol (1), que l'acceptation bénéficiaire fasse obstacle à la division des dettes. Certes, le raisonnement est spécieux; il serait fort séduisant, si les textes ne nous permettaient de connaître d'une façon formelle la volonté du législateur et de nous y attacher.

On nous oppose la distinction des patrimoines que produit le bénéfice d'inventaire : l'héritier n'est

___

(1) Bilhard, *Bénéf. d'invent.*, n° 109.—Poujol, *Succes.*, art. 873, n° 3.

qu'un administrateur des biens de la succession,
les créanciers n'ont de droit que sur ces biens,
mais aussi ils ont tous les droits qu'ils auraient eus
sur ces biens, et l'héritier ne pourra rien retenir
tant que toutes les dettes ne seront pas intégralement payées. Et s'il oppose la division des dettes,
il invoque par là la transmission héréditaire, la confusion des patrimoines et par suite l'obligation
ultra vires. Ainsi donc, l'héritier bénéficiaire se
trouve en face du dilemme suivant : ou il n'est
qu'administrateur et alors tous les biens de la succession sont le gage des créanciers, jusqu'à leur
payement complet; ou il est héritier, et alors il est
tenu *ultra vires*.

— C'est très-ingénieux; il n'y a qu'un malheur,
c'est que ce système est une pure invention.

Les art. 873 et 1220 posent d'une manière générale et formelle le principe de la division des dettes
et nulle part nous ne trouvons dans la loi aucune
exception à l'égard du bénéfice d'inventaire. L'héritier bénéficiaire est héritier, et les règles qui régissent l'héritier pur et simple le régissent également. Il est héritier, et par conséquent il ne succède
qu'à une part dans l'actif, et par suite à une part
correspondante dans le passif; c'est là une règle
fondamentale de la transmission héréditaire, et
nous ne pouvons y porter atteinte sans une dérogation formelle. C'est ce que semble indiquer
l'art. 802 lui-même lorsqu'il dit que l'héritier béné-

ficiaire ne sera tenu que jusqu'à concurrence de la valeur des biens recueillis, éveillant ainsi l'idée d'une restriction et non d'une extension de l'obli‑ gation. L'acceptation bénéficiaire est imposée au mineur, si protégé par nos lois ; comment le légis‑ lateur aurait-il voulu lui imposer une obligation aussi onéreuse? Nous pensons donc avec les auteurs, avec Merlin (1), avec la Cour de cassation (arrêt du 22 juillet 1862) que le principe de division des dettes s'applique aussi bien en cas d'acceptation bé‑ néficiaire qu'en cas d'acceptation pure et simple.

III. L'acceptation bénéficiaire emporte la sépa‑ ration des patrimoines du défunt et de l'héritier : nous savons que les créanciers d'une succession peuvent aussi de leur propre chef obtenir cette séparation des patrimoines ; on en est arrivé à se demander si le bénéfice avait pour résultat d'em‑ porter de plein droit séparation des patrimoines au profit des créanciers. N'ont-ils plus d'intérêt dans ce cas à intenter une demande accessoire, et sont-ils par là même dispensés de l'inscription qu'exige l'art. 2111 et dont l'effet est de conserver leur droit.

Un premier système refuse absolument aux créanciers de la succession les avantages de la séparation des patrimoines ; il leur impose les mêmes formalités, que l'héritier soit bénéficiaire ou pur et simple ; il s'appuie sur l'art. 2111 qui

(1) Merlin, Répert. v° bénéfice d'inventaire, n° 25.

ne distingue pas, et sur le caractère du bénéfice, faveur spécialement réservée à l'héritier.

Nous répondrons que le bénéfice d'inventaire empêche la confusion des patrimoines, et cela d'une manière générale, sans qu'on puisse en réserver les effets à l'héritier seulement ; la séparation existe de plein droit, introduite il est vrai dans l'intérêt de l'héritier, mais enfin elle existe et elle doit produire ses effets à l'égard de tout le monde. N'est-il pas juste que, puisque le patrimoine héréditaire est le seul gage des créanciers de la succession, ils n'aient pas à subir sur ce gage la concurrence des créanciers de l'héritier. On comprend que la loi exige des créanciers une demande pour mettre fin à une confusion qui existe ; on ne s'expliquerait pas ces formalités lorsqu'il n'y a rien à séparer, puisque rien n'est confondu ; et de même pour l'inscription de l'art. 2111, c'est un moyen de publicité, et le législateur n'a-t-il pas pourvu à ce besoin de publicité par la déclaration inscrite au greffe?

Un second système au contraire soutient que le bénéfice d'inventaire emporte de plein droit la séparation des patrimoines, et cela d'une façon définitive, sans que rien puisse venir porter atteinte au droit des créanciers.

Nous repoussons également ce système dont nous admettons le principe, mais dont les effets nous paraissent trop absolus.

Le bénéfice d'inventaire, dit-il, crée un droit en

faveur de l'héritier et aussi en faveur des créanciers
de la succession, c'est celui de la séparation des
patrimoines. L'héritier peut bien renoncer à ce
droit ou le perdre, mais il ne peut porter atteinte au
droit des créanciers.

D'ailleurs les déchéances dont parlent les art. 801
C. civ. et 988, 989 C. de proc. sont des peines,
et le caractère des peines c'est précisément d'être
personnelles.

Ce système est admis par la majorité des auteurs et par la jurisprudence.

Nous pensons que, dans l'espèce, la séparation
des patrimoines n'est qu'une conséquence de l'acceptation bénéficiaire, et qu'elle doit disparaître
avec elle, qu'il y ait eu déchéance ou renonciation
de l'héritier. C'est une conséquence de l'acceptation bénéficiaire, c'est-à-dire de l'impossibilité où
sont les créanciers de la succession de poursuivre
les biens de l'héritier, et les créanciers de l'héritier de poursuivre les biens de la succession.
Cette impossibilité cesse avec la confusion des patrimoines. D'ailleurs, l'acceptation bénéficiaire
n'est-elle pas un bénéfice introduit dans le seul
intérêt de l'héritier, et l'intéressé ne peut-il pas
toujours renoncer à son bénéfice?

Quant à l'objection qui nous est faite, basée sur
le caractère des déchéances, nous répondrons que
le législateur n'a pas vu dans le fait qui motive la
déchéance une faute, non plus que dans la dé-

chéance la punition de cette faute; c'est seulement une manifestation de volonté de l'héritier, un acte par lequel il abandonne le bénéfice que la loi lui avait accordé pour redevenir héritier pur et simple; c'est une renonciation au bénéfice; et, ainsi, la cause qui avait produit la séparation des patrimoines cessant, l'effet doit cesser.

En un mot, l'acceptation sous bénéfice d'inventaire produit un état de fait qui a pour conséquence la non-confusion, c'est-à-dire la séparation des patrimoines. Cet état de fait vient-il à cesser pour une cause quelconque, les créanciers perdent le droit qui en était la conséquence. Le patrimoine de la succession n'est plus leur gage exclusif, parce qu'ils ont droit de poursuivre alors l'héritier sur ses biens; un seul patrimoine se forme, et il devient le gage à la fois des créanciers de la succession et des créanciers de l'héritier.

Les créanciers héréditaires seront donc sages et prudents si, dans le cas d'acceptation bénéficiaire, en prévision d'une renonciation ou d'une déchéance, ils prennent l'inscription de l'art. 2111.

IV. Le bénéfice d'inventaire limite définitivement le gage des créanciers héréditaires; il n'a aucune possibilité de s'accroître; le législateur a voulu fixer en même temps les droits des créanciers, et l'art. 2146 décide que, entre les créanciers d'une succession acceptée bénéficiairement, l'in-

scription prise par l'un d'entre eux depuis l'ouver-
verture de cette succession, sera sans effet. Au
même instant, l'ouverture de la succession fixe les
droits des créanciers et leur gage. Le législateur,
en effet, suppose l'insuffisance des biens de la succession ; il veut, en conséquence, que chaque
créancier supporte sa part dans les pertes, et il ne
permet à personne d'acquérir un droit de préférence sur les autres.

L'art. 2146 contient donc un cas d'assimilation
très-réel avec la faillite ; depuis, le premier alinéa
de cet article, sur la faillite, a été singulièrement mo-
difié, et ses rigueurs adoucies par la loi de 1838 ;
l'inscription peut être utilement prise jusqu'au
jour du jugement déclaratif de faillite ; cependant
les inscriptions prises après l'époque de la cessation des paiements ou dans les dix jours qui pré-
cèdent, peuvent être déclarées nulles s'il s'est
écoulé plus de quinze jours entre l'acte constitutif
de l'hypothèque et l'époque de l'inscription.

Une modification parallèle n'a pas été faite à
l'égard des créanciers de l'héritier bénéficiaire, et
l'art. 2146 a été maintenu dans toute sa rigueur ;
un délai d'inscription ne leur est pas même accordé. Cela est rigoureux. On peut même dire que
cette disposition ne se comprend pas en présence
de l'art. 808, qui, comme nous le verrons, en l'absence d'opposition, impose à l'héritier l'obligation
de payer les créanciers au fur et à mesure qu'ils se

présentent. Si le législateur redoutait à ce point les fraudes, les rivalités, et aussi les titres de préférence que le voisinage ou une information rapide pouvait créer, comment s'expliquer la disposition de l'art. 808. Quoi qu'il en soit, c'est la loi, et il faut se résoudre à dire : « dura lex, sed lex! »

L'art. 2146 s'applique aussi bien au cas où l'acceptation bénéficiaire est volontaire qu'au cas où elle est forcée ; il ne distingue pas ; ou la succession est bonne, et alors il n'y a pas de raison de ne pas l'appliquer ; ou elle est mauvaise, et c'est alors le cas spécialement prévu par l'art. 2146, et il faut l'appliquer.

Ainsi donc l'inscription hypothécaire ne produit aucun effet, si elle n'a pas été faite avant l'ouverture de la succession.

Il est bien évident que l'art. 2146 ne s'appliquera pas aux hypothèques ou priviléges qui sont dispensés d'inscription ; les créanciers privilégiés ou hypothécaires conserveront leur droit de préférence. Il en sera ainsi en cas de privilége général sur les meubles (art. 2101 et 2107), et encore en cas d'hypothèque légale des femmes mariées, des mineurs (art. 2135).

Ainsi, et pour résumer la portée de l'art. 2146, le législateur ne paraît s'opposer qu'à l'obtention par les créanciers d'un droit nouveau ; ne s'agit-il, au contraire, que de conserver au créancier un droit déjà existant, en laissant subsister sans modifica-

tion l'ancien état de choses, l'inscription sera valablement prise, l'art. 2146 n'y fait pas d'obstacle. Ainsi, le renouvellement d'une inscription
hypothécaire est possible ; de même l'inscription
qui, aux termes de la loi du 23 mars 1855, doit
être prise dans l'année qui suit la fin de la tutelle
ou la dissolution du mariage, à l'effet de conserver à l'hypothèque légale son rang. L'article 2146,
dans la pensée du législateur, n'a d'effet qu'entre
créanciers de la succession. Il en résulte que
l'acheteur d'un bien du *de cujus* pourra faire trans-
crire la vente après l'acceptation bénéficiaire. La
décision de l'art. 2146 ne peut s'appliquer au con-
flit s'élevant entre un acquéreur et un créancier
de la succession ; et, d'ailleurs, le bien était sorti
du patrimoine du *de cujus*, au moment de la
mort.

On s'accorde généralement à appliquer, en cas
de succession bénéficiaire, les art. 552-556, C. de
comm., qui règlent, en cas de faillite, les droits
des créanciers hypothécaires et privilégiés sur les
immeubles ; non pas qu'il faille appliquer dans
tous les cas, par une assimilation exagérée, les
règles de la faillite, mais parce que les dispositions du Code de commerce ont pour but de sauvegarder les droits des créanciers hypothécaires et
d'empêcher que des circonstances toutes fortuites
ne viennent y porter atteinte. Or, il est aussi juste
de protéger ces droits en cas de succession béné-

ficiaire qu'en cas de faillite. Ainsi, si la distribution du prix des immeubles est faite antérieurement
à celle des meubles, les créanciers hypothécaires
ou privilégiés non remplis concourreront avec les
créanciers chyrographaires à proportion de ce qui
leur reste dû; et, dans l'hypothèse inverse, ils
concourreront encore avec eux, sous l'obligation
de restituer ce qu'ils auront reçu de trop.

Nous venons de voir quels étaient les effets produits par l'acceptation bénéficiaire à l'égard des
créanciers hypothécaires ou chyrographaires de
la succession; quels sont les effets produits à
l'égard des créanciers de l'héritier ?

Nous pensons que ces créanciers n'ont aucun
droit propre sur les biens héréditaires; il est bien
vrai que ces biens sont aussi les biens de l'héritier, et par suite le gage des créanciers personnels, mais le bénéfice a eu précisément pour effet
d'introduire la distinction des patrimoines et de
paralyser en quelque sorte ce droit propre, tant
que la succession est grevée de charges et que la
liquidation n'est pas faite.

De plus, il n'est pas admissible que l'administration constituée par la loi puisse être à chaque
instant entravée par des intérêts individuels.

Mais nous pensons que ces créanciers pourront
exercer, au nom et du chef de l'héritier bénéficiaire, leur débiteur, les droits qu'il a sur la suc-

cession, dans les limites de l'art. 1166. Et l'on ne peut voir dans le droit d'administration un droit attaché à la personne; l'héritier n'est pas un mandataire ordinaire; il est aussi héritier, il est propriétaire; il a un intérêt pécuniaire; ses propres créanciers ont donc un intérêt évident à ce que le plus grand parti possible soit tiré de l'administration; cela suffit pour appliquer l'art. 1166. La C. de Paris, 19 mars 1850, a repoussé cette opinion.

Il est bien évident qu'en face de créanciers héréditaires, les créanciers de l'héritier ne seraient pas fondés à demander leur payement sur les biens de la succession; ils ne peuvent avoir plus de droit que l'héritier même; ils doivent attendre la liquidation. Il faut cependant admettre que, s'il n'y a pas de créances héréditaires ou de légataires connus, les créanciers de l'héritier ne seront pas obligés d'attendre trente ans le payement de leurs créances. On arriverait à ce résultat scandaleux que l'héritier bénéficiaire insolvable vivrait dans l'opulence en face de ses créanciers non payés. Nous laisserons à la justice le soin de décider si les créanciers peuvent exiger le payement et d'indiquer les mesures conservatoires qui seraient à prendre pour sauvegarder les droits de créanciers héréditaires qui pourraient survenir.

SECTION III.

Effets à l'égard des cohéritiers.

Le bénéfice d'inventaire ne modifie nullement les droits et les devoirs des cohéritiers ; son effet est tout personnel : il ne modifie pas non plus les relations qui existent entre coheritiers ; l'héritier bénéficiaire est soumis au rapport, comme tout héritier pur et simple ; le rapport lui est également dû. Enfin, la règle générale de la division des dettes s'applique également.

CHAPITRE IV.

DE L'ADMINISTRATION DE L'HÉRITIER BÉNÉFICIAIRE.

L'héritier retire, nous venons de le voir, de nombreux avantages du bénéfice d'inventaire ; mais aussi la loi lui impose des devoirs et des obligations.

Il est tenu de l'administration des biens de la succession.

Il est administrateur ; ce ne sont pas les créanciers qui le choisissent, c'est la loi que l'impose.

Et en effet, il est héritier, c'est-à-dire il est propriétaire ; c'est donc sa propre chose qu'il administre, et c'est dans son propre intérêt qu'il le fait : il devait avoir le droit de gouverner son bien ; seulement, comme ce bien est aussi le gage des créanciers, la loi a dû entourer l'administration de garanties sérieuses destinées à protéger leurs intérêts.

Il est propriétaire et administrateur ; de ce double caractère résulte une administration spéciale, qu'on ne peut assimuler à l'administration ordinaire ou à l'administration provisoire de l'habile à succéder, et il faut lui reconnaître des effets particuliers que la loi refuse au simple administrateur.

Il est propriétaire, et son administration est gratuite; il a des pouvoirs plus étendus que ceux que confie d'habitude l'administration, et s'il se laisse entraîner à faire des actes frauduleux ou excédant les bornes de son droit, il devient simplement héritier pur et simple, sans perdre la gestion; enfin le reliquat de l'actif lui appartient.

Il est administrateur, et nous allons voir quelles limites le législateur a cru devoir imposer à son droit de propriété.

Mais tout d'abord, il nous paraît utile, au point de vue pratique surtout, de nous demander quel droit l'héritier bénéficiaire a sur les choses de la succession tant qu'elles restent inaliénées dans le patrimoine héréditaire. Peut-il se servir pour son usage personnel des meubles, des voitures, des chevaux, etc.? Peut-il habiter une maison héréditaire, prendre sa nourriture et celle des siens sur les biens de la succession?

Nous pensons qu'il faut faire une distinction; l'héritier est propriétaire, c'est vrai, mais il est aussi administrateur comptable, et son droit de propriété dort en quelque sorte jusqu'au jour de la liquidation de la succession. Les créanciers ont le droit d'exiger qu'il tire le meilleur parti possible de son administration, qu'il fasse entrer dans son compte toutes les valeurs héréditaires.

Dubarle.   11

Il ne pourra donc pas habiter la maison ; il peut la louer, et augmenter ainsi l'actif héréditaire ; il ne peut se nourrir lui et les siens aux dépens de la succession, car il doit compte aux créanciers des revenus et des fruits ; en un mot, il n'a pas le droit d'amoindrir le gage des créanciers. Mais pour toutes les choses dont il ne peut tirer parti, meubles, chevaux, voitures, etc., qui resteraient improductives, inutiles aux créanciers et à l'héritier, nous pensons qu'il recouvrera à leur égard le droit de propriété et pourra les utiliser dans les limites de l'art. 805 ; il ne sera responsable que de la détérioration causée par sa négligence.

L'héritier bénéficiaire est administrateur.

Art. 803 : « L'héritier bénéficiaire est chargé « d'administrer les biens de la succession.... »

Mais comment doit-il les administrer ? Quelle est l'étendue de son droit, dans quelles limites le législateur l'a-t-il renfermé ? Quelles sont ses obligations et ses droits ?

Administration proprement dite. — Il est administrateur, et par conséquent il peut faire tous les actes de pure administration.

Sa gestion s'étend à toutes les affaires de l'hérédité tant activement que passivement ; il est en effet le représentant de la succession, il a donc pleine qualité pour plaider. C'est à lui d'intenter et de suivre toutes les actions de la succession, de défendre aux demandes formées par des tiers (1), et cela sans qu'il ait besoin d'aucune autorisation des créanciers; c'est à lui de recevoir les payements (2), d'acquitter les dettes et charges, d'interrompre les prescriptions, de prendre et renouveler les inscriptions hypothécaires, de louer les maisons et fermes, et en cela nous lui appliquerons les règles qui régissent l'administration des tuteurs, maris et usufruitiers, enfin d'ordonner les réparations nécessaires.

En un mot, l'héritier bénéficiaire a le droit de faire non-seulement les actes conservatoires, mais aussi tous les actes d'administration proprement dite : il est administrateur. Le doute n'est pas possible sur ce point.

Il est aussi propriétaire; il peut donc conserver les biens héréditaires, ou les vendre. Il peut les conserver, c'est ce qui résulte de l'économie de la loi, à condition toutefois que les créanciers soient payés. Il peut se faire également que la liquidation exige la vente des immeubles et des meubles de la succession; les biens héréditaires doivent être convertis en argent et servir à acquitter les dettes; aussi l'héritier a-t-il le droit de les vendre. Seulement

(1) Le curateur à succession vacante a ce droit (art. 813), il y a un *a fortiori* évident en faveur de l'héritier bénéficiaire.

(2) Doit-il faire emploi des capitaux héréditaires? la loi ne l'exige pas; nous pensons qu'il n'y est pas tenu; cependant, s'il y avait eu de sa part faute grave à ne pas le faire, il pourra être considéré comme responsable.

le législateur ne s'en est pas rapporté exclusivement à lui ; il a craint la fraude par des aliénations
à vil prix ou au moyen d'un prix déguisé, et il a
cherché à la prévenir et à l'empêcher par les formalités dont il a entouré les ventes.

Ainsi l'héritier peut, ou conserver les biens
en payant les dettes, ou les vendre en remplissant
les conditions légales ; tout autre parti lui est
interdit ; ainsi il ne pourrait pas s'attribuer les
biens moyennant estimation ; s'il veut les avoir,
il devra les racheter aux enchères.

Vente des meubles. -- Art. 805 : « Il ne peut ven-
« dre les meubles de la succession que par le
« ministère d'un officier public, aux enchères, et
« après les affiches et publications accoutumées. »

Les art. 989 et 945 du Code de proc. ajoutent,
combinés avec les art. 617 et suivants du titre des
saisies-exécutions, auxquels ils renvoient, que
cette vente devra avoir lieu au marché et un jour
de dimanche, après apposition en divers lieux
d'affiches indiquant les biens, jour et heure et la
nature des objets.

Ce sont les commissaires-priseurs qui aux chefs-
lieux sont chargés exclusivement des ventes ; ailleurs les notaires, greffiers et huissiers ont aussi
le droit d'y procéder.

La vente aux enchères ne fait pas obstacle au
droit du créancier à qui le *de cujus* a remis un

objet mobilier en gage, et qui a fait ordonner en justice que ce gage lui restera en payement et jusqu'à due concurrence (art. 2073); l'exercice de ce droit n'implique pas non plus, de la part de l'héritier qui a consenti, une acceptation pure et simple.

Les art. 805 Code Napoléon et 989 Code de procédure ne parlent pas de la nécessité d'obtenir de la justice une autorisation de vente des meubles.

L'art. 796 du Code Napoléon, nous l'avons vu, l'exige au contraire, pour toute vente dans les délais dilatoires; il en est de même de l'art. 946, Code de procédure.

Que faut-il penser de ce silence de la loi, et devons-nous y voir un oubli qu'il faille réparer? Quelques auteurs exigent une ordonnance du président, appuyant leur opinion sur les art. 946 et 796. Ils voient dans les deux cas une analogie qui doit entraîner les mêmes effets.

Ce n'est pas notre avis, l'art. 946 est en corrélation avec l'art. 945, qui suppose la vente du mobilier en cas de partage : c'est là une exception à la règle du partage en nature, et l'on comprend, dans ce cas, la nécessité d'une autorisation. Il en est de même en cas de vente pendant les délais dilatoires; le successible n'est pas héritier, n'est pas propriétaire, et il est juste qu'il lui faille une autorisation pour vendre un meuble qui ne lui appartient pas.

Un avis du conseil d'État du 11 janvier 1808

exige l'autorisation de justice pour la vente de rentes sur l'État au-dessus de 50 francs.

L'art. 989 renvoyant simplement aux formes prescrites par la vente, nous n'appliquerons pas la règle de l'art. 947 sur les personnes qui doivent assister à la vente.

L'art. 805 parle de meubles; que faut-il entendre par là ? A quels meubles s'applique l'article ?

Chabot trouve la réponse à notre question dans l'art. 533 ; les formalités exigées par le législateur ne s'appliqueront donc pas à la vente des objets énumérés dans cet article : pierreries, livres, médailles, linge, chevaux, armes, etc.

Ce système ne peut être admis ; le législateur, dans son art. 805, n'a certes pas voulu se rapporter à l'art. 533 ; il a seulement entendu opposer les meubles aux immeubles.

Est-ce donc à dire que tous les meubles corporels, sans exception, devront être vendus avec les formalités exigées par l'art. 805 ?

La doctrine est d'accord pour ne pas exiger ces formalités en cas de vente de denrées, de grains, de fruits en un mot qui se vendent généralement à l'amiable, et dont la vente ne constitue qu'un acte d'administration.

Mais que décider des meubles incorporels ?

Il faut distinguer.

L'art. 989 (C. de proc.) soumet à des formalités précises la vente des rentes dépendant de la succession : il nous renvoie à l'art. 642 et à la saisie des rentes.

Un avis du conseil d'Etat du 11 janvier 1808 exige une autorisation pour la vente de rentes sur l'Etat au-dessus de 50 francs, et l'on décide que cette autorisation devra être demandée non pas au président, mais au tribunal. Cet avis est une application à l'héritier bénéficiaire de la loi du 24 mars 1806 sur le tuteur et le mineur.

Enfin, la doctrine applique aussi à l'héritier bénéficiaire un décret du 24 septembre 1813, et exige l'autorisation de justice pour la vente de plusieurs actions de la Banque de France.

Sur tous ces points, la question ne s'élève pas ; mais il n'en est pas de même pour les autres meubles incorporels : créances, actions industrielles, fonds de commerce, études de notaires, avoués, huissiers, etc.; l'art. 805 doit-il s'appliquer et la vente doit-elle être entourée de formalités ? Nous ne le pensons pas ; selon nous, l'art. 805 ne s'applique pas à ces meubles, et l'héritier bénéficiaire pourra les vendre dans telle forme qu'il lui plaira : de gré à gré, aux enchères, ou autrement. C'est ce que nous allons essayer de démontrer.

L'art. 805 ne s'occupe que de meubles corporels, et, en effet, il nous parle de représentation en nature, ce qui ne pourrait s'entendre de meubles incorporels.

L'art. 989 (C. procéd.) reprend l'expression, et il ajoute que des formalités seront également exigées pour la vente des rentes, qui sont des meubles incorporels; n'y a-t-il pas là la preuve évidente que l'expression meubles ne comprend pas les meubles incorporels? Quelle serait autrement l'utilité de l'art. 989, et en quoi le législateur aurait-il eu besoin de nous dire qu'il exige des formalités pour les rentes? Si le mot meuble a un sens générique absolu dans l'art. 805, il doit l'avoir également dans l'art. 989, et le contraire ressort avec la dernière évidence.

Des art. 989, 945 résulte que le législateur a eu spécialement en vue les meubles dont il a réglé le mode de vente sur saisie, c'est-à-dire les meubles corporels.

Vente des immeubles. — Art. 806 : « Il ne peut vendre les immeubles que dans les formes prescrites par les lois sur la procédure.... »

L'art. 987 (C. procéd.) exige que l'héritier présente au président du tribunal du lieu de l'ouverture de la succession, une requête dans laquelle ces immeubles seront désignés sommairement; sur les conclusions du ministère public et le rapport du juge délégué, la vente sera autorisée par jugement; la mise à prix sera fixée de même, à moins que le tribunal ne préfère ordonner l'estimation par expert, et, dans ce cas, le rapport de l'expert sera entériné par le tribunal. Avant la loi du 2 juin 1841, l'art. 987 ordonnait l'estimation d'office.

Quant aux formalités, l'art. 988 renvoie au titre de la vente des immeubles des mineurs. La vente aura lieu aux enchères, soit à l'audience des criées devant le tribunal de la situation, soit devant un notaire ; des placards sont imprimés, apposés en divers lieux quinze jours au moins avant l'adjudication, et insérés dans les journaux. Si les enchères n'atteignent pas la mise à prix, le tribunal peut la baisser après remise de l'adjudication. Telles sont les dispositions principales contenues dans les art. 953-965.

La loi exige donc l'autorisation de justice en cas de vente des immeubles ; c'est là une différence assez remarquable entre la vente des meubles et celle des immeubles ; en présence du développement considérable de la fortune mobilière, elle n'a plus de raison d'être et ne se comprend qu'à un point de vue historique.

Telles sont les garanties dont le législateur a entouré la vente des biens de la succession.

Si les formalités exigées par la loi sont négligées par l'héritier, les ventes n'en seront pas moins valables ; l'héritier bénéficiaire sera seulement réputé héritier pur et simple : c'est ce que décide l'art. 988 (C. procéd.).

Ainsi, pour résumer tout ce que nous venons de dire sur les pouvoirs de l'héritier bénéficiaire, il peut et doit :

Faire tous les actes de pure administration ;

Vendre les meubles corporels aux enchères ;

Vendre les rentes sur l'Etat et les actions de la Banque de France sur autorisation du tribunal ;

Vendre les rentes sur particuliers aux enchères ;

Vendre les autres meubles incorporels purement et simplement ;

Vendre les immeubles sur autorisation du tribunal et aux enchères.

Mais les pouvoirs de l'héritier bénéficiaire sont-ils plus étendus, et dans quel sens faut-il entendre qu'il administre les biens de la succession ? Il peut se faire qu'il se trouve en présence d'actes intéressant au plus haut point le patrimoine héréditaire, utiles à lui, utiles aux créanciers eux-mêmes, et cependant qui ne rentrent pas dans les actes d'administration. Quel parti prendre ? Il est bien évident que ces actes, s'il les fait, seront valables, car il est héritier et propriétaire, et il n'a pas dépassé les pouvoirs d'héritier ; mais en faisant ces actes, comme le lui commande l'intérêt bien entendu de la succession, fait-il par là même acte d'héritier, renonce-t-il à sa qualité d'héritier bénéficiaire et accepte-t-il purement et simplement la succession ?

Le décider, ce serait le réduire à une dure alternative, et mettre souvent en opposition son intérêt et celui des créanciers.

Ainsi, pour citer des exemples, l'héritier bénéficiaire peut-il accepter une succession échue au

défunt, provoquer un partage, transiger, acquies-
cer, compromettre, constituer une hypothèque?

La loi est muette sur tous ces points.

On a soutenu que les pouvoirs de l'héritier ne
rencontraient pas d'autre limite que les actes de
disposition gratuite ; que c'était un administrateur
opérant sur sa chose même, et que par conséquent
on ne pouvait l'assimiler à un administrateur ordinaire ; que sa mission était de liquider la succession, et qu'il n'était pas possible de lui refuser les
moyens de s'acquitter de cette mission ; et il n'y a
aucun inconvénient à étendre ainsi les pouvoirs de
l'héritier ; s'il administre mal, il sera condamné à
réparer les préjudices résultant de son administration.

Nous repoussons cette opinion.

Et, en effet, si nous interrogeons l'esprit de la
loi, si nous cherchons quelle est l'intention du
législateur, nous trouvons, dans la section qui
nous occupe, un esprit de méfiance bien caractéri-
sée à l'égard de l'héritier bénéficiaire ; il est
propriétaire, il est vrai, mais il est aussi administrateur. Et si l'on nous objecte que cette administration doit être entendue dans un sens large et
élevé, sans contester complétement cette affirma-
tion, nous croyons que l'on ne peut pas franchir
certaines limites que la loi a voulu établir. Elle
accorde pleinement à l'héritier le droit d'administrer, il est chargé d'administrer les biens de la

succession ; puis, lorsqu'il s'agit d'actes de disposition, nous voyons apparaître toutes ses appréhensions et ses méfiances ; il ne faut pas oublier que le patrimoine est le gage des créanciers, et que le législateur a eu le dessein bien arrêté de mettre ce gage à l'abri d'imprudences ou de fraudes. Il ne peut vendre les meubles sans formalités rigoureuses, il ne peut vendre les immeubles sans autorisation ; est-il possible d'admettre qu'il puisse faire, de son propre mouvement, sans contrôle possible, des actes bien autrement graves, ayant, sur le patrimoine et les intérêts des créanciers, une influence décisive ? Nous ne le pensons pas, ce serait aller contre l'économie de la loi et ce qui nous paraît être la volonté du législateur. Que deviendront les créanciers, si l'acte est valable et s'il entraîne des conséquences désastreuses pour leurs intérêts ? S'il y a faute grave de l'héritier, ils invoqueront l'art. 804 ; mais s'il y a seulement imprudence ? Ils sont désarmés.

On nous fait alors une objection pratique et on nous dit. L'héritier se trouve en présence d'un acte incontestablement utile ; il désire le faire, mais il veut surtout conserver sa position d'héritier bénéficiaire ; que décider ?

Cette objection ne nous paraît pas sérieuse, et nous ne croyons pas qu'il y ait là une difficulté pratique.

L'héritier pourra s'entendre avec les créanciers

et légataires et obtenir d'eux le consentement dont il a besoin pour pouvoir faire l'acte sans danger; il n'aura plus à craindre d'être considéré comme héritier pur et simple.

Mais ce n'est pas, selon nous, le seul moyen auquel il puisse avoir recours; les créanciers absents ou empêchés, il pourra demander à la justice l'autorisation de faire l'acte. Et cette doctrine nous la suivons avec d'autant plus de confiance que nous la trouvons dans l'ancien droit, et que le Code Napoléon semble avoir voulu la consacrer dans l'art. 806. C'est ce qu'a décidé l'avis du Conseil d'Etat du 11 janvier 1808 qui a exigé l'autorisation de justice pour les ventes des rentes sur l'Etat.

Ainsi administrer les biens, réunir les sommes nécessaires, et enfin payer les dettes, tels sont les devoirs de l'administration de l'héritier bénéficiaire, et les limites dans lesquelles ses pouvoirs doivent être renfermés.

Des garanties des créanciers. — Le patrimoine de la succession est le gage des créanciers; il en résulte que le législateur a dû prendre les précautions nécessaires pour maintenir ce gage intact et donner aux créanciers des garanties suffisantes contre les abus de l'administration.

Une première garantie consiste dans la déchéance du bénéfice d'inventaire qui peut frapper dans certains cas l'héritier bénéficiaire. Nous étudierons plus tard les causes de déchéance.

L'héritier est en outre responsable de sa gestion, c'est le sort de tout mandataire.

Art. 804 : « Il n'est tenu que des fautes graves « dans l'administration dont il est chargé.

Ainsi l'héritier est responsable, mais seulement des fautes graves qu'il a pu commettre.

Que faut-il entendre par fautes graves, et quelles sont les limites de cette responsabilité?

L'art. 1137 exige de l'administrateur la diligence d'un bon père de famille; l'art. 804 apporte-t-il une exception à cet article, ou au contraire l'applique-t-il? Nous pensons que notre article a voulu déroger à la règle générale de l'administration ; n'est-il pas juste que l'héritier ne doive aux affaires de la succession que les mêmes soins qu'il donne à ses affaires, puisque les biens qu'il administre lui appartiennent en propre ? Le législateur a adopté l'opinion de Pothier, qui voyait une faute grave toutes les fois que l'administrateur se montrait moins diligent qu'il ne l'était d'habitude pour ses affaires. La mauvaise foi n'est pas nécessaire.

C'est aux tribunaux à apprécier si l'héritier s'est rendu ou non coupable d'une faute grave.

Il faut voir une application de l'art. 804, et non une exception, dans l'art. 805 qui déclare que l'héritier, s'il représente les meubles en nature, n'est tenu que de la dépréciation ou détérioration causée par la négligence.

Il y aura responsabilité pour dépréciation si l'héritier n'a pas vendu les meubles à propos.

Cette responsabilité peut être illusoire si l'héritier est insolvable ; la loi est venue au secours des créanciers, et leur a permis d'exiger une caution.

Art. 807 : « Il est tenu, si les créanciers ou « autres personnes l'exigent, de donner caution « bonne et solvable de la valeur du mobilier com- « pris dans l'inventaire et de la portion du prix « des immeubles non déléguée aux créanciers « hypothécaires. »

Ainsi cette caution doit être donnée par l'héritier sur la demande des créanciers et légataires ; il ne peut s'y refuser. Cette demande sera faite sous forme de sommation par acte extrajudiciaire signifié à personne ou à domicile (art 992 C. pr.). Ce droit d'exiger une caution appartient, comme l'indique l'art. 992, à chaque créancier ou à toute personne intéressée, et non pas à la masse des intéressés, ce qui aurait pu paraître résulter de l'expression générique de l'art. 807 : les créanciers.

Dans les trois jours de la sommation, plus un jour par 3 myriamètres de distance, l'héritier doit présenter la caution au greffe du tribunal de l'ouverture de la succession (art. 993.); cet article renvoie au titre I, livre V, art. 517-523, pour les formalités des réceptions de cautions.

Les titres de solvabilité de la caution sont déposés au greffe ; si elle est acceptée, elle fait sa soumission au greffe.

En cas de difficultés relatives à la réception, les créanciers provoquants seront représentés par l'avoué le plus ancien (art. 994); la cause se juge sommairement, sans requête ni écriture.

Cette caution n'est exigée que pour la valeur du mobilier compris dans l'inventaire, et la portion du prix des immeubles non déléguée aux créanciers, c'est-à-dire qui reste libre après la collocation des créanciers hypothécaires. Les immeubles, les fruits, les fautes que l'héritier pourrait commettre, ne sont donc pas visés par l'article 807.

La caution doit être bonne et solvable, et non pas illusoire comme dans l'ancien droit.

C'est une caution légale, soumise par conséquent aux conditions des art. 2018, 2019.

Si l'héritier ne peut pas trouver une caution, il sera reçu, en vertu de l'art. 2041, à donner à la place un gage ou nantissement.

L'héritier qui refuse de donner caution n'est pas pour cela déchu du bénéfice d'inventaire ; il perd seulement le maniement des deniers et effets mobiliers de la succession.

Art. 807 : « ... — Faute par lui de fournir cette « caution, les meubles sont vendus, et leur prix « est déposé, ainsi que la portion non déléguée du

« prix des immeubles pour être employée à l'ac-
« quit des charges de la succession. »

L'ancien droit donnait aux créanciers une hypothèque sur les biens de l'héritier ; cette hypothèque n'a pas été maintenue dans le Code.

Ainsi, la crainte de la déchéance, la responsabilité, la caution, telles sont les garanties que la
loi a accordées aux créanciers et les protections
qu'elle leur a assurées contre la mauvaise administration de l'héritier.

Mais peuvent-ils se protéger eux-mêmes ? peuvent-ils se mêler à l'administration et exercer
des poursuites individuelles ?

C'est là une question controversée, qui soulève
une vive discussion, et qui partage la doctrine et
la jurisprudence.

Les uns neutralisent d'une façon absolue les
droits des créanciers, et leur refusent tout droit de
saisie individuelle. L'héritier, disent-ils, est un
administrateur; il représente collectivement tous
les intéressés, c'est une sorte de syndic de la liquidation, et il n'est pas admissible qu'à côte de cette
administration constituée par la loi les créanciers
puissent conserver leurs droits et les exercer ; n'y
aurait-il pas là des entraves continuelles, nuisibles
à tous les intéressés, source de complications et de
frais inutiles? En un mot, il n'y a qu'un administrateur ; lui seul a des droits et peut exercer les
actions.

Dubarle.   12

Ce raisonnement a bien sa valeur ; cependant nous ne pouvons l'admettre.

L'héritier est administrateur, la loi le dit, mais il administre des biens qui sont le gage des créanciers, or tout créancier a le droit de se faire payer en transformant en argent, par des moyens légaux, les valeurs qui constituent son gage; c'est encore la loi, nous ne pouvons leur enlever ce droit sans décision formelle, sans volonté expresse du législateur ; il nous faut autre chose que des suppositions ou des considérations générales. Or nulle part n'apparaît cette volonté ; au contraire nous venons de voir avec quelle vigilance le légis - lateur cherchait à sauvegarder l'intérêt des créanciers, et quelles garanties il leur accordait contre la mauvaise administration ; peut-on supposer qu'en même temps il leur enlevait leurs priviléges de droit commun ? Quant à l'analogie entre le bénéfice d'inventaire et la faillite, on ne peut nous l'opposer ; elle n'est pas complète, et il suffirait pour le prouver de cette différence capitale dans l'espèce que les créanciers en cas de faillite choisissent le syndic, tandis qu'en cas de succession l'administrateur leur est imposé par la loi.

Ainsi nous déciderons que les créanciers conservent leurs droits et qu'ils pourront pratiquer des saisies mobilières et immobilières et des saisies-arrêt.

Mais alors ne va-t-il pas y avoir des concurrences inévitables, des obstacles, des complications et des frais inutiles ?

Non, nous pensons qu'il faut admettre à la règle que nous venons de poser certains tempéraments.

Il faudra que l'intérêt seul guide les créanciers et les fasse agir ; or cet intérêt n'existe pas si l'héritier a lui-même provoqué la vente.

Les poursuites des créanciers ne doivent pas entraver l'administration des biens qui se fait par l'héritier bénéficiaire. Ce n'est qu'en cas d'inaction de l'héritier, qu'ils ont la jouissance de leurs droits. C'était là l'opinion de l'ancien droit, et c'est la doctrine enseignée par Pothier.

Quant à la saisie-arrêt, nous ferons une distinction, qui nous paraît juste, et nous accorderons dans tous les cas aux créanciers le droit de la pratiquer ; c'est au contraire un acte conservatoire dont l'objet est d'empêcher le payement et d'assurer ainsi la conservation de la créance.

Du payement des créanciers et légataires. — L'héritier bénéficiaire administre la succession ; c'est à lui qu'il appartient de payer les dettes. La loi trace à ce sujet certaines règles que nous allons étudier.

I. *Du payement des créanciers hypothécaires.*

L'art. 806 du C. Nap. dit que l'héritier bénéficiaire est tenu de déléguer le prix des immeubles vendus aux créanciers hypothécaires qui se sont fait connaître.

Ainsi les créanciers hypothécaires seront payés par délégation.

Mais l'art. 991, C. de procéd. paraît en contradiction directe avec le C. Nap., il exige que le prix de vente des immeubles soit distribué suivant l'ordre des priviléges et hypothèques; c'est le payement par distribution.

De quel côté se trouve la loi, et quel mode de payement le législateur a-t-il voulu?

Les opinions sont controversées.

Les uns regardent comme abrogée et devenue inutile la fin de l'art. 806 : c'est dans l'art. 991 que se trouve la règle. La différence entre les deux articles s'explique par des considérations historiques. Dans le projet du Code, le système de l'hypothèque occulte était rétabli; les créanciers hypothécaires devaient se faire connaître par des oppositions. C'est en harmonie avec ce projet que l'art. 806 fut écrit.

Mais les prévisions des législateurs ne furent pas réalisées, le système de la publicité de l'hypothèque prévalut; l'art. 806 n'avait plus sa raison d'être, aussi l'art. 991 ne parle plus de délégations, et renvoie au payement par distribution.

Tout cela est possible; mais nous ne pouvons admettre cette contradiction entre les deux articles et trouver dans l'art. 991 une abrogation indirecte de l'art. 806. Les législateurs du Code de procédure connaissaient si bien l'art. 806 et voulaient si peu l'abroger, que la section du Tribunat fit supprimer la fin de l'art. 991, portant un renvoi aux formes prescrites au titre de l'ordre, comme contraire à l'art. 806, et le rapporteur déclare expressément qu'il faut appliquer cet article et « que la disposition établie dans le projet du Code de proc. « n'a d'autre objet que d'empêcher les délégations « qui peuvent être faites d'intervertir l'ordre des « priviléges et des hypothèques ». Il nous semble qu'en présence de textes si formels le doute n'est plus possible ; on ne peut nous parler d'abrogation, et il faut admettre que le payement par délégation est toujours maintenu. La pensée de la loi, c'est d'éviter les lenteurs et les frais de la procédure d'ordre ; le législateur préfère les arrangements amiables, et il les autorise ; il fait même plus, il les impose ; si cela n'est pas possible, si en cas d'insuffisance d'actif les créanciers ne peuvent s'entendre, eh bien ! alors il faudra recourir à un règlement en justice, à la procédure de l'ordre.

En cas d'irrégularité dans la distribution du prix des immeubles hypothéqués, si le rang et l'ordre des créanciers n'a pas été observé, les créanciers lésés conserveront naturellement leurs droits sur l'immeuble, et de plus ils pourront avoir un recours contre l'héritier responsable.

II. *Du payement des créanciers non hypothécaires.*

Ces créanciers sont payés par l'héritier sur les sommes qu'il a entre les mains, provenant des deniers de la succession, de remboursements, de la vente des meubles, ou des immeubles non hypothéqués, ou encore de la portion des prix des immeubles hypothéqués qui n'a pas été absorbée par les créances hypothécaires.

A Rome, Justinien avait posé le principe que l'héritier doit payer les créanciers à mesure qu'ils se présentent : il n'a pas à s'inquiéter des causes de préférence qui peuvent exister ; tout créancier qui se présente a le droit d'être payé. Le payement devient ainsi le prix de la course.

Ce système était injuste ; il était la source de nombreux abus.

Le Code Nap. l'a conservé cependant, mais en plaçant à côté de la règle une exception qui la modifie singulièrement. Les créanciers pourront faire opposition, et alors nous rentrons dans l'ordre et dans la justice ; les droits de préférence seront sauvegardés, et l'égalité sera établie entre les créanciers chirographaires.

Le Code suppose donc deux hypothèses distinctes, et pour chaque hypothèse il édicte des règles spéciales :

Il y a opposition ;

Il n'y a pas opposition.

1. *Il y a des créanciers opposants*. Art. 808 : « S'il « y a des créanciers opposants, l'héritier béné- « ficiaire ne peut payer que dans l'ordre et la ma- « nière réglée par le juge .»

Et l'art. 990 (C. de procéd.) décide de même que le prix de la vente du mobilier sera distribué par contribution entre les créanciers opposants, suivant les formalités indiquées au titre de la distribution par contribution.

L'effet de cette opposition, c'est de nécessiter une contribution ; les créanciers seront payés avant les légataires ; les créanciers privilégiés avant les créanciers chirographaires et dans l'ordre de leurs privilèges ; les créanciers chirographaires viendront tous ensemble au marc le franc ; ils subiront la même fortune.

L'art. ne parle que des créanciers ; mais il faut étendre le sens et la portée de la loi, et accorder aux légataires le droit à l'opposition ; cette opposition, sans aucun effet sur le payement des créanciers, établira le payement des légataires par contribution.

Dans quelle forme l'opposition doit-elle être faite ? Un acte spécial, contenant défense de payer en l'absence de l'opposant, n'est pas nécessaire ; nous pensons qu'il suffit d'un avertissement dans une forme quelconque ; il suffit que le créancier ou légataire se soit fait connaître à l'héritier par un acte juridique. (C. de Cassat., 13 mars 1866.)

Nous verrons donc une opposition dans une notification de titres, une opposition aux scellés, une intervention à l'inventaire, etc.

L'opposition ne profite qu'à celui qui l'a faite; les créanciers non opposants ne peuvent en invoquer les effets.

Si l'héritier bénéficiaire fait les payements au mépris d'une opposition, qu'arrivera-t-il?

Il est bien évident tout d'abord que l'héritier bénéficiaire est responsable; il a commis une faute grave (art. 804), son fait a causé un dommage à autrui, il doit le réparer, et le créancier opposant lésé aura le droit de lui demander réparation du préjudice causé, de se faire payer le dividende auquel il avait droit. Nous ne verrons pas dans le fait un acte d'héritier et nous n'en conclurons pas la déchéance. Ce n'est en effet qu'un acte d'administration, et d'ailleurs on ne peut suppléer à la loi pour prononcer une déchéance.

Mais quel est le droit de ce créancier lésé contre les légataires et les créanciers; a-t-il un recours, et pendant combien de temps peut-il l'exercer?

Il est hors de doute qu'il a un recours contre les légataires; cela résulte par un *à fortiori* évident de l'art. 809 qui accorde le recours même aux créanciers non opposants. Il a donc, en vertu de cet article, un droit personnel; il peut aussi exercer du chef de l'héritier en faute une action en répétition de l'indu, les légataires n'ayant de droit qu'après le payement de toutes les dettes. Cette double action, nous la lui accorderons pendant 30 ans, par un argument *a contrario* tiré de l'art. 809 qui limite à trois ans le délai du recours en cas de non opposition, et surtout en vertu des principes : le créancier n'est pas en faute, son droit a été lésé, il doit pouvoir jouir du bénéfice du droit commun.

Le créancier opposant lésé a-t-il aussi un recours contre les créanciers payés au mépris de son opposition? Sans hésiter, nous donnerons la même décision, qui nous paraît résulter *a contrario* de l'art. 809, et surtout de l'introduction dans cet article des mots : « non-opposants » qui ne figuraient pas dans le projet. Le créancier payé a reçu l'indû, puisqu'il a reçu la totalité de sa créance et que le bénéfice d'inventaire a eu pour effet de la réduire à un dividende. Le créancier lésé peut agir du chef de l'héritier et exercer l'action en répétition qui lui appartient ; l'article 1166 lui en donne le droit ; mais alors il subira le concours des créanciers personnels de l'héritier, et il peut y avoir à cela de graves inconvénients pour lui. Il aura aussi l'action Paulienne de l'art. 1167 ; mais seulement si les conditions requises sont réunies. Aussi pensons-nous que, pour préserver ce créancier diligent des conséquences de la faute de l'héritier, il faut lui accorder un droit direct de recours, droit qui, comme nous l'avons dit, nous paraît résulter

a contrario de l'art. 809 et des travaux préparatoires. Or, dans cet article, il ne peut s'agir que
d'un droit spécial de recours, et non pas de droits
conférés par d'autres articles du Code.

Quant à la durée de ces actions, nous pensons
qu'elle est de 30 ans, par les mêmes raisons
que celles que nous avons données en cas de recours contre les légataires.

Enfin, les légataires ayant fait opposition auront aussi un droit de recours les uns contre les
autres; c'est là pour eux l'intérêt de l'opposition;
il faut une sanction à toute espèce de droit.

Le créancier ou légataire lésé pourra agir indif-
féremment contre l'héritier ou ses cocréanciers;
la loi n'a pas subordonné une action à l'autre; il
a le choix.

2. *Il n'y a pas de créanciers opposants.*

Art. 808 : « ... S'il n'y a pas de créanciers oppo-
« sants, il paie les créanciers et les légataires à
« mesure qu'ils se présentent. »

C'est la règle romaine; le payement devient le
prix de la course; le légataire diligent sera payé
avant le créancier privilégié en retard.

Nous avons vu que l'héritier bénéficiaire peut
lui-même être un des créanciers de la succession;
il en résulte que, dans la deuxième hypothèse de
l'art. 808, il se présentera le premier au payement,
qu'il aura ainsi un véritable droit de préférence.

C'est là un avantage certain que lui assure sa qualité ; c'est la conséquence rigoureuse de la loi, il n'est pas possible de l'éviter. Du reste, il n'y a pas d'autre alternative que de le payer le premier ou le dernier, et il faut avouer que le second parti serait singulièrement rigoureux.

L'héritier n'a pas le droit de discuter les créanciers qui se présentent; il ne peut objecter qu'il y a des créanciers préférables, il doit payer; l'article 808 pose une règle formelle. Il doit payer au fur et à mesure que les fonds sont disponibles entre ses mains.

Supposons les payements faits, et cela dans l'ordre des présentations ; les créanciers retardataires ont-ils un recours contre l'héritier, les créanciers ou les légataires, et peuvent-ils obtenir le payement de leurs créances?

Il est bien évident qu'ils n'ont aucun recours contre l'héritier; c'est la loi qui lui a ordonné de payer, il n'a encouru aucune responsabilité.

Il n'en est pas de même des légataires ; l'art. 809 dit d'une façon formelle que « les créanciers non « opposants qui ne se présentent qu'après l'apure- « ment du compte et le payement du reliquat, « n'ont de recours à exercer que contre les léga- « taires. »

Il résulte de cet article qu'après le payement du reliquat ou même avant, si l'héritier n'a pas de fonds entre les mains, les créanciers ont un recours

contre les légataires ; c'est l'application de la grande
règle : « Nemo liberalis, nisi liberatus. »

Cependant on ne peut s'empêcher d'avouer que
les créanciers sont en faute : ils auraient dû faire
opposition ; de plus, il importe que la liquidation
se fasse vite, et il est bon d'empêcher que des
recours de créanciers, souvent inconnus, ne viennent pendant trop longtemps menacer la situation des légataires ; aussi l'art. 809 ajoute : « ... Le
« recours se prescrit par le laps de trois ans, à
« compter du jour de l'apurement du compte et
« du payement du reliquat. »

Le délai de cette prescription ne commence à
courir que du payement du reliquat, s'il est posté-
rieur à l'apurement du compte.

Tout ce que nous venons de dire est formel ;
c'est la loi qui décide.

Mais quel est le sort des créanciers retardataires lorsqu'ils se trouvent en présence de créanciers seulement ? La loi est muette sur ce point.

S'ils se présentent après l'apurement du compte
et le payement du reliquat, il résulte implicite-
ment, mais avec la dernière évidence, de l'art. 809,
que leur droit est perdu ; ils sont venus trop tard,
tant pis pour eux ; c'est leur faute.

De même, s'ils se présentent avant le payement
du reliquat, ils peuvent réclamer sur les sommes
en caisse ce qui leur est dû jusqu'à concurrence
de ce reliquat ; l'héritier ne peut rien retenir sur

es biens de la succession avant le payement des dettes et charges; cela est hors de doute.

Mais que décider si, avant l'apurement du compte et le payement du reliquat, l'héritier n'a pas de fonds entre les mains, ou n'a que des fonds insuffisants, et si des créanciers se présentent? La question est controversée.

Nous pensons que la loi refuse à ces créanciers retardataires toute espèce de recours contre leurs cocréanciers; ils avaient un moyen bien simple de sauvegarder leurs droits, ils n'avaient qu'à faire opposition; ils ont été négligents, c'est leur faute, ils doivent en supporter les conséquences.

D'ailleurs, la loi nous semble bien formelle, et son économie nous paraît faire obstacle à toute solution contraire.

Le législateur pose un principe : en cas de non-opposition, l'héritier paie les créanciers à mesure qu'ils se présentent; les payements ainsi faits sont valables. Puis, à ce principe, il apporte une exception : les créanciers retardataires ont un recours contre les légataires; et cette exception s'explique par la nature du legs. Voilà la loi. Il en résulte que le recours n'est pas possible contre les créanciers; toute exception est soumise à une interprétation restrictive, et il ne nous est pas permis d'étendre les modifications.

La distinction qu'on veut faire sortir de l'art. 809, entre créanciers se présentant avant le compte et

créanciers se présentant après, est une pure fan-
taisie. Nous ne pouvons supposer l'intention du
législateur et lui donner une pareille portée. Il
ne nous parle que d'une seule exception ; c'est
qu'il n'y en a qu'une. Et l'on s'explique facilement
qu'il ne suppose le recours qu'après l'apurement
du compte et le payement du reliquat ; auparavant, le créancier non payé a toujours une action
ouverte contre l'héritier qui détient peut-être encore des fonds héréditaires, ou est appelé à en
recevoir.

Rien, d'ailleurs, ne justifierait la différence que
nos adversaires veulent établir, suivant que les
créanciers dont nous nous occupons se présentent
avant ou après l'apurement du compte. N'ont-ils
pas été négligents dans les deux cas, les autres
créanciers n'ont-ils pas été légalement payés dans
les deux cas ; quel est le motif de cette distinction,
et qui nous autorise à faire sortir des conséquences
aussi opposées de situations aussi semblables ?

On nous oppose (Chabot) alors les travaux préparatoires. Le Conseil d'État modifia le projet du
gouvernement et ajouta dans l'art. 117 du projet :
« Ceux qui se présentent avant l'apurement peu-
« vent aussi exercer un recours contre les créan-
« ciers. Dans l'un et l'autre cas, le recours se pres-
« crit par trois ans. »

Cette rédaction n'a pas subsisté ; la phrase qui
proclamait le recours contre les créanciers dispa-

rut ; et, cependant, la rédaction définitive dit toujours : *dans l'un et l'autre cas* le recours se prescrit par trois ans. Qu'en conclure? C'est que la pensée du législateur a été maintenue telle qu'elle se manifestait dans le projet ; c'est que le recours contre les créanciers est toujours possible.

Cette conséquence, que l'on veut tirer de la rédaction de l'art. 809, nous ne pouvons l'admettre. Ce qu'il y a de sûr, c'est que l'art. ne nous parle pas de recours contre les créanciers, ce qu'il y a de sûr encore c'est que le législateur a voulu retrancher l'aliéna relatif à ce recours ; faut-il donc en conclure qu'en retranchant les mots il a voulu en maintenir le sens ? Et s'il y a une inadvertance n'est-ce pas plutôt dans le maintien des mots : *dans l'un et l'autre cas*, qu'il faut la chercher ? Il n'est pas naturel de se référer à un cas sous-entendu.

Nous venons de parler des créanciers ; les légataires ont-ils, eux aussi, un recours contre les légataires diligents payés antérieurement ? Nous ne pensons pas qu'ils aient un recours direct ; le législateur est malveillant pour tous les intéressés qui n'ont pas profité des facilités qu'il leur donnait et n'ont pas fait d'opposition au payement : ils doivent supporter les conséquences de leur négligence.

Cependant on peut dire que l'héritier a payé à ces légataires plus qu'il ne leur devait ; lorsque, les dettes payées, il n'y a pas de quoi acquitter tous les legs, ces legs sont réduits de plein droit proportionnellement; le légataire a donc reçu la totalité de son legs, alors qu'il n'avait droit qu'à un dividende. Il y a eu payement de l'indû ; l'héritier a une action, il devra l'exercer, sous peine de dommages-intérêts (art. 1382), et les légataires non payés pourront ainsi, quoique non opposants, recouvrer la part à laquelle ils avaient droit.

Dans tous les cas que nous venons d'étudier, et où il y a lieu au recours, ce recours devra être exercé collectivement contre tous ceux qui y sont exposés, à proportion de ce qu'ils ont reçu. M. Demante et après lui toute la doctrine voit dans ces recours une sorte de revendication de valeurs mobilières indûment payées. C'est plus équitable et plus naturel de répartir ainsi les effets du recours.

Nous avons fini l'étude de l'administration de l'héritier bénéficiaire. Les nombreuses controverses que nous avons rencontrées sur notre route et que nous avons dû discuter prouvent l'insuffisance de la loi ; il est à regretter que le législateur ait fait une œuvre aussi incomplète et n'ait pas jugé à propos de tracer d'une façon précise les pouvoirs de l'administrateur. Le texte des lois faisait défaut ; nous avons cherché à suppléer aux lacunes.

Du compte de l'héritier bénéficiaire. — L'administration de l'héritier bénéficiaire est achevée ; l'actif de la succession est épuisé, les créanciers n'ont reçu qu'un dividende. Pour se dégager de toute responsabilité et pouvoir écarter les demandes des créanciers, pour justifier l'emploi des deniers de la succession, l'héritier bénéficiaire doit présenter son compte, la loi l'exige ; c'est le dernier acte, la justification de son administration.

Art. 803 : «.... Il doit rendre compte de son administration aux créanciers et légataires. »

Toute partie intéressée peut demander à l'héritier ce compte ; il doit en effet justifier des raisons qui l'empêchent de payer.

Ce compte est rendu à l'amiable si tous les intéressés sont majeurs et y consentent ; sinon, dans les formes prescrites au C. de procédure, titre des redditions de compte, par les art. 527 et suiv. (art. 995). Le compte de l'héritier bénéficiaire consiste dans la comparaison des recettes et dépenses.

Le chapitre des recettes comprend tout l'actif de la succession, toutes les sommes provenant de valeurs héréditaires, et aussi les dommages-intérêts dont il peut être tenu vis-à-vis de la succession (art. 805). Le chapitre des dépenses comprend tout ce que l'héritier a dû payer au compte de la succession, tous les payements faits par lui, payement de dettes, entretien des biens de la succession, frais funéraires, etc. L'art. 810 ajoute les frais de scellés, s'il en a été apposé, d'inventaire et de compte ; en effet ces dépenses ont eu pour objet de conserver et de liquider la succession; l'héritier ne doit pas les supporter. La même raison doit faire supporter par la succession les dépens des procès soutenus par l'héritier, alors même qu'il les aurait perdus, à moins, suivant l'art. 132, C. de procéd., qu'il n'ait été condamné aux dépens en son nom personnel, comme ayant compromis les intérêts de son administration. Sur toutes ces avances faites à la succession, l'héritier a le droit d'être remboursé par préférence aux autres créanciers; l'art. 2101 le dit expressément pour les frais funéraires et les frais de justice, nons le dirons également des frais d'administration ; c'est justice, leur but a été la conservation du patrimoine. L'héritier aura ce droit de préférence, même vis-à-vis des créanciers contre lesquels il a plaidé; on ne peut objecter que les frais de justice ne sont opposables qu'aux créanciers dans l'intérêt desquels ils ont été faits; — l'héritier a fait une avance à la succession, qui aurait payé s'il y avait eu de l'argent en caisse, et alors tous les créanciers sans distinction auraient supporté leur part de frais; il est juste qu'il soit dédommagé et puisse reprendre une valeur qu'il a mise dans l'hérédité et qui a augmenté le gage des créanciers sans droit pour eux.

L'héritier bénéficiaire est tenu personnellement au payement des droits de mutation, il est héritier et la loi du 22 frimaire an VII n'établit aucune différence entre les héritiers. Cela ne fait pas de doute. Mais peut-il porter en compte le payement de ces droits, et rejeter sur les créanciers et légataires le fardeau de cette obligation fiscale ? Nous ne pouvons admettre, malgré la majorité des auteurs et la jurisprudence, que les créanciers doivent supporter les droits de mutation. Et en effet, c'est l'héritier bénéficiaire qui est héritier, c'est lui qui devient propriétaire des biens héréditaires, c'est à son profit que la mutation s'opère ; c'est donc lui qui doit supporter l'impôt frappant cette mutation.

De quel droit rejeter cette charge sur les créanciers ? L'acceptation bénéficiaire n'aurait-elle pas alors précisément pour résultat de leur imposer ce droit onéreux ? l'héritier n'avait qu'à refuser, et les biens seraient restés sans maître, et le gage des créanciers n'aurait pas été diminué et ils n'auraient pas eu à payer des droits souvent exorbitants. Le législateur a voulu par le bénéfice d'inventaire limiter au patrimoine du défunt le gage des créanciers, mais il n'a pas entendu diminuer ce gage, et c'est là le résultat fatal auquel arrive le système opposé au nôtre.

Et d'ailleurs, si l'héritier bénéficiaire a accepté, n'est-ce pas parce qu'il espère retirer un bénéfice de la succession ? N'est-il pas juste alors qu'il supporte les charges du droit de mutation ?

L'héritier n'a le droit réclamer aucune indemnité pour son administation. C'est volontairement et dans son propre intérêt qu'il s'en est chargé.

Il doit rendre son compte aussitôt qu'il en est requis; et il est mis en demeure en vertu d'une sommation.

Telle est l'obligation imposée par la loi à l'héritier bénéficiaire; l'art. 803 contient la sanction.

Art. 803 : « Il ne peut être contraint sur ses « biens personnels qu'après avoir été mis en de-« meure de présenter son compte et faute d'avoir « satisfait à cette obligation.... »

Les créanciers ne savent à quoi s'en tenir sur le montant de l'actif héréditaire; la loi leur permet de poursuivre l'héritier sur ses biens personnels pour la totalité de ce qui reste dû.

Telle est la sanction légale; nous ne pouvons l'étendre, et voir dans le retard de l'héritier un motif de déchéance; la loi ne le dit pas.

Le compte a été arrêté, et il se solde par un excédant d'actif; il y a un reliquat. S'il reste des charges à payer, l'héritier est naturellement débiteur de ce reliquat.

Art. 803 : « ... Après l'apurement du compte, il « ne peut être contraint sur ses biens personnels « que jusqu'à concurrence seulement des sommes « dont il se trouve reliquataire. »

Il est tenu sur ses biens personnels, mais ce n'est pas en qualité d'héritier; c'est comme administrateur comptable, comme débiteur des créanciers.

Débiteur du reliquat, doit-il les intérêts des sommes restées en caisse, et à partir de quelle époque les doit-il?

Quelques auteurs lui appliquent l'art. 1996, qui décide que le mandataire doit les intérêts des sommes dont il est reliquataire du jour où il est mis en demeure.

Nous ne croyons pas que cette application soit juste; il est impossible de voir un mandataire des créanciers dans l'héritier bénéficiaire qui arrive à l'administration dans son seul intérêt, par la volonté de la loi et peut-être malgré les créanciers.

Il faut appliquer la règle générale de l'art. 1153; et nous déciderons, que les intérêts ne commenceront à courir qu'en vertu d'une demande en justice.

Le reliquat payé, l'héritier bénéficiaire est à l'abri de toutes poursuites de la part des créanciers et légataires.

Si l'actif est supérieur au passif, toutes les charges payées, le reliquat des biens lui appartient; il est héritier; c'est lui qui doit bénéficier de l'hérédité.

CHAPITRE V.

DE LA CESSATION DU BÉNÉFICE D'INVENTAIRE.

Le bénéfice d'inventaire est une faveur de la loi, c'est une faculté qui est offerte au successible, c'est une protection qui lui est assurée.

Il peut donc y renoncer après l'avoir invoqué, et personne ne pourra se plaindre du nouveau parti qu'il prend ; les créanciers seront payés intégralement. Cette renonciation peut être expresse, contenue dans un acte authentique ou privé, ou tacite ; dans ce dernier cas, elle résulte de la conduite et des actes de l'héritier, de la volonté qu'il a dû avoir ; et on comprend qu'alors il faut abandonner aux tribunaux un grand pouvoir d'interprétation.

Mais il est des actes qu'on ne peut expliquer que par une volonté bien arrêtée de renoncer au bénéfice d'inventaire : tels sont les actes de disposition gratuite, tels sont aussi certains actes qu'un propriétaire seul peut faire, actes de disposition à titre onéreux, que la loi, selon nous, a défendus à l'héritier bénéficiaire : compromis, transactions, acceptation de succession, etc.

Nous verrons donc dans ces actes une renon- ciation tacite au bénéfice.

Enfin, la loi a pris soin elle-même, dans deux cas particuliers, de préciser sa pensée et a prononcé la déchéance.

Le mot déchéance ne rend pas précisement, selon nous, la pensée du législateur ; ce n'est pas une peine dont il a voulu frapper un coupable, c'est une interprétation de volonté qu'il impose.

L'art. 801 décide que l'héritier qui s'est rendu coupable de recel, ou qui a omis sciemment et de mauvaise foi de comprendre dans l'inventaire des effets de la succession est déchu du bénéfice d'in- ventaire.

Nous savons qu'à Rome le recel n'avait pas d'autre conséquence qu'une restitution du double. L'erreur involontaire n'entraîne aucune déchéance; il faut la mauvaise foi.

La fraude ne doit pas se présumer ; si donc l'hé- ritier ne représente pas certains effets compris dans l'inventaire sans justifier de leur perte par cas for- tuit, nous pensons qu'il sera responsable de leur valeur, qu'il pourra même être tenu de dommages- intérêts, mais qu'il ne sera pas frappé de déchéance.

Il en est de même de manœuvres frauduleuses destinées à rendre l'héritier adjudicataire à vil prix des biens de la succession ; il y aurait là faute grave, matière à dommages-intérêts, mais non pas à dé- chéance.

En cas de recel ou de divertissement des effets de la succession, l'art. 792 enlève à l'héritier le droit de renonciation et le prive en outre de sa part sur les objets divertis.

Nous pensons qu'il faut compléter par cet article notre article 801 ; il y a dans les deux cas mêmes motifs de décider.

Le Code de procédure renferme une seconde cause de déchéance ; les art. 988, 989 déclarent héritier pur et simple l'héritier bénéficiaire qui a vendu les meubles ou immeubles du défunt sans se conformer aux règles prescrites.

Cette déchéance nous paraît être formelle, et il nous semble que les articles du Code de procédure ne reconnaissent pas en ce cas aux tribunaux un pouvoir d'appréciation.

Telles sont les deux causes de déchéance énoncées par la loi.

Ainsi, pour résumer ce qui nous paraît être la théorie de la loi, nous dirons :

L'héritier bénéficiaire peut renoncer à son bénéfice.

Il y renonce expressément, en manifestant sa volonté d'une façon formelle.

Il y renonce tacitement, en faisant de ces actes que la volonté seule d'être héritier pur et simple peut expliquer. La loi suppose deux cas, et dans ces deux cas la perte du bénéfice est absolue et inévitable. C'est aux tribunaux à appliquer le principe, mais alors avec leur pouvoir d'appréciation, chaque fois que la volonté de renoncer apparaît.

Et nous avons dit que nous voyons cette volonté dans les actes de disposition gratuite, et aussi dans ceux à titre onéreux que la loi n'a pas autorisés.

Mais il ne faut pas étendre trop loin l'application du principe ; et nous ne verrons pas un acte d'héritier, et par suite la déchéance du bénéfice, dans les fautes graves commises par l'héritier ; l'inobservation des formalités requises ouvre seulement le recours des créanciers contre l'héritier bénéficiaire.

La déchéance peut être opposée par tous ceux qui y ont intérêt.

Nous appliquerons le principe posé dans les art. 777 et 785, et nous ferons remonter au jour de l'ouverture de la succession les effets de l'acceptation pure et simple, qui est venue remplacer l'acceptation bénéficiaire. L'héritier bénéficiaire ne devient pas, il est réputé héritier pur et simple : il n'y aura eu, par l'effet rétroactif, qu'une seule acceptation.

L'héritier est héritier pur et simple ; tous les effets de l'hérédité vont se produire ; il sera tenu des dettes *ultra vires*.

L'héritier bénéficiaire est héritier, avons-nous dit ; il transmet donc ses droits sur la succession à ses héritiers ou successeurs : le bénéfice dont il jouit n'est pas personnel. Il peut aussi céder ses droits sur la succession ouverte à son profit, et il ne faut pas voir là un acte d'héritier et une renonciation au bénéfice.

L'art. 780 vise une toute autre hypothèse : il déclare que le successible prend parti et accepte en vendant ses droits sur la succession ; mais il n'empêche pas l'héritier bénéficiaire, qui, lui, a pris parti, de céder son droit.

Il faut, bien entendu, pour qu'il puisse faire cette cession, qu'il ait déjà accepté sous bénéfice d'inventaire et rempli les conditions exigées pour cette acceptation.

Il n'a pas besoin, dans l'acte de cession, de déclarer formellement que les droits successifs vendus sont ceux d'un héritier bénéficiaire ; il vend le droit qu'il a, or c'est un droit d'héritier bénéficiaire.

Les créanciers ont toujours leur recours contre l'héritier, qui reste responsable des faits du cessionnaire.

CHAPITRE VI.

DU BÉNÉFICE D'INVENTAIRE IMPOSÉ PAR LA LOI.

Le bénéfice d'inventaire est une faveur accordée par la loi au successible ; elle ne lui est pas imposée. L'héritier est maître de sa volonté, il doit librement consentir.

Cependant, dans certains cas, le législateur a cru devoir entourer l'acceptation de cette protection spéciale et imposer le bénéfice d'inventaire. C'est ce qui a lieu en cas de désaccord sur le parti à prendre entre les héritiers du successible mort sans s'être prononcé, et aussi lorsque l'héritier est un mineur.

Nous allons étudier ces deux cas.

Mais, auparavant, nous voulons nous demander s'il ne doit pas en être de même lorsque la succession est acceptée par les créanciers au nom de l'héritier, et encore lorsque le successible est une personne morale, une commune, un hospice, etc.

Nous ne le pensons pas ; la règle, c'est la liberté absolue du successible ; il est maître de son choix. La loi apporte deux exceptions à cette règle : ces exceptions sont limitatives ; il ne nous est pas possible de suppléer au silence du Code.

1er cas. Désaccord entre les héritiers d'un successible. Lorsque les héritiers d'un successible, mort avant d'avoir pris parti sur la succession qui lui est échue, sont en désaccord sur le parti à prendre, la succession doit être acceptée sous bénéfice d'inventaire.

C'est là une innovation sur l'ancien droit : le juge faisait une enquête, recherchait le *quid utilius*, et décidait quel parti devait être préféré.

Pour éviter les procès qui étaient la conséquence forcée de cette situation difficile, l'art. 782 fut introduit dans notre Code.

L'innovation n'est pas heureuse, et elle peut avoir des inconvénients pratiques sérieux ; elle n'est utile que dans le cas où l'acceptation pure et simple est elle-même utile ; mais il peut se faire, au contraire, que l'intérêt des héritiers soit de répudier la succession ; si, par exemple, l'acceptation doit avoir pour effet d'entraîner le rapport de donations, il suffira alors de la mauvaise volonté ou de la mauvaise foi d'un des héritiers pour imposer ce préjudice à ses cohéritiers.

Le législateur n'avait pas prévu ces inconvénients ; quelques auteurs (Delvincourt, Demante) ont cherché à y remédier, et ils accordent au tribunal le droit d'autoriser la renonciation de ceux qui le veulent. Nous ne pouvons suivre les auteurs sur ce terrain ; la loi ne distingue pas, elle prononce de plein droit l'acceptation bénéficiaire ; nous ne pouvons distinguer.

En cas de collusion, nous admettrons le recours contre ceux qui ont voulu accepter.

Tous les effets du bénéfice d'inventaire ordinaire se produisent dans le cas qui nous occupe.

Il faudra de même la déclaration au greffe, exigée par l'art. 793.

Chaque héritier aura qualité pour faire cette déclaration.

2e cas. *Minorité ou interdiction de l'héritier.* L'article 461 déclare que les successions échues au mineur ne peuvent être acceptées par le tuteur que sous bénéfice d'inventaire.

Le législateur a craint les dangers de l'acceptation pure et simple qui peut entraîner la ruine du mineur, et il a imposé au tuteur l'obligation d'accepter bénéficiairement ; il n'a donc pas d'autre alternative que de se conformer au vœu de la loi ou de renoncer. Quel que soit le parti qu'il prenne, la loi exige aussi l'autorisation du conseil de famille.

L'art. 461 exige l'acceptation sous bénéfice d'inventaire, mais nous ne pensons pas qu'elle existe de plein droit, et la déclaration au greffe n'en doit pas moins être faite. Le défaut de déclaration n'entraînera pas la déchéance de l'héritier mineur, mais les tiers qui en auront souffert un préjudice pourront poursuivre le tuteur en dommages-intérêts.

L'acceptation bénéficiaire est imposée par la loi ; il en résulte que le mineur ne peut encourir aucune déchéance du fait du tuteur ou même de son propre fait ; les créanciers auront seulement, selon les cas, une action en dommages-intérêts contre le tuteur.

Nous avons dit que l'héritier mineur ne pouvait' faire acte d'héritier, et par suite devenir héritier pur et simple : nous pensons qu'il doit en être de même en cas de détournement (art. 801).

Et, en effet, le législateur n'a pas voulu voir, dans le détournement et le recel, des actes illicites, frauduleux, qu'il voulait punir ; il les a interprétés dans un sens plus honnête ; c'est un acte de volonté qu'a fait l'héritier, il a renoncé au bénéfice de la loi, et il est devenu héritier pur et simple ; telle est la pensée du législateur. Or, nous savons que le mineur ne peut faire acte d'héritier; la loi lui impose l'acceptation bénéficiaire; elle doit lui enlever les moyens d'éluder les prescriptions légales. Nous pensons donc que l'héritier mineur ne peut encourir de déchéance.

Ce que nous venons de dire du mineur s'applique à l'interdit.

POSITIONS

---

1. Dans la loi 1, p. 18, lib. 42, t. 6, Dig., *de separationibus*, par les mots : « Si quid ei a testatore debetur, » Ulpien entend parler des créances naturelles, ou non, de l'esclave, à l'exception de celles qui sont nées de son pécule. Page 12 de la thèse.

2. Les héritiers siens et nécessaires sont ainsi appelés parce qu'ils sont en quelque sorte les copropriétaires de l'hérédité. P. 16.

3. L'héritier externe n'a pas droit au bénéfice de séparation, et on ne peut objecter la loi 6, § 1, lib. 42, t. 6. Dig. *de separationibus*. P. 21.

4. Le mandat de faire adition donné par certains créanciers de la succession n'est pas opposable aux autres créanciers. P. 27.

5. Il n'y a pas d'opposition entre la loi 10, pr., lib. 2, tit. 14. Dig. *de pactis* et la loi 58, p. 1, lib. 17, t. 1. Dig. *mandati*. Le créancier privilégié absent conserve son privilége, mais voit sa créance diminuée par l'effet du pacte *de parte debiti non petenda*. P. 32.

6. Le créancier absent, en cas de pacte, conserve son droit intact contre le fidéjusseur. P. 37.

7. L'héritier qui a fait usage du *jus deliberandi,* ou qui même l'a seulement réclamé, ne peut plus accepter bénéficiairement. P. 48.

8. L'héritier bénéficiaire ne peut plus renoncer à l'hérédité. P. 51.

9. L'héritier bénéficiaire ne peut pas être tenu personnellement des dettes de l'hérédité, même dans les limites de l'actif héréditaire. P. 55.

DROIT CIVIL.

1. Le *de cujus* ne peut défendre à son héritier l'acceptation sous bénéfice d'inventaire. P. 89.

2. Les légataires universels sont tenus des dettes *ultra vires*, et par suite ont intérêt à accepter bénéficiairement. P. 92.

3. Les successeurs irréguliers ne sont tenus que *intra vires*. P. 100.

4. Le jugement passé en force de chose jugée de l'art. 800 n'a d'effet qu'entre les parties. P. 119.

5. Au bout de trente ans, l'héritier est étranger à la succession, et ne peut plus l'accepter ni purement et simplement, ni bénéficiairement. P. 117.

6. L'héritier bénéficiaire n'est pas tenu sur ses biens personnels, même *intra vires*. P. 131.

7. Dans l'espèce de l'art. 875, l'héritier bénéficiaire a un recours contre ses cohéritiers pour la totalité de ses avances. P. 135.

8. L'abandon des biens, fait par l'héritier bénéficiaire aux créanciers, n'entraîne pas la renonciation. P. 144.

9. Les créanciers d'une succession acceptée sous bénéfice d'inventaire peuvent, malgré les lois du 8 nivôse an VI et 20 floréal an VII, faire ordonner en justice la vente à leur profit des rentes sur l'État dépendant de la succession du *de cujus*. P. 133.

10. Le bénéfice d'inventaire n'entraîne pas l'exigibilité des créances à terme existant contre le *de cujus*. P. 147.

11. Le bénéfice d'inventaire ne fait pas obstacle à la division des dettes entre les héritiers. P. 148.

12. L'acceptation bénéficiaire emporte la séparation des patrimoines au profit des créanciers héréditaires ; mais cette séparation disparaît avec le bénéfice d'inventaire. P. 150.

13. L'héritier bénéficiaire peut vendre sans formalité les meubles incorporels dont la loi ne parle pas. P. 166.

14. L'héritier bénéficiaire ne peut pas, sans autorisation judiciaire, transiger, compromettre, etc., faire en un mot des actes de disposition

autres que ceux qui sont spécialement autorisés par la loi. P. 170.

15. Les créanciers héréditaires conservent le droit de se mêler à l'administration et d'exercer des poursuites individuelles. P. 177.

16. Le payement par délégation, prévu par l'article 806, C. Nap., n'est pas abrogé par l'art. 991, C. procéd. P. 180.

17. Les créanciers non opposants retardataires n'ont aucun recours contre les créanciers payés, même s'ils se présentent avant l'apurement du compte. P. 189.

18. L'héritier bénéficiaire ne peut porter sur son compte les droits de mutation qu'il a payés. P. 194.

19. L'héritier bénéficiaire adjudicataire de biens héréditaires ne devient pas, il reste propriétaire de ces biens; il n'aura donc pas de droits de mutation à payer, et ne pourra non plus purger. P. 198.

DROIT CRIMINEL.

1. L'accusé acquitté en Cour d'assises ne peut plus être poursuivi en police correctionnelle à raison du même fait autrement qualifié.

2. Les qualités personnelles à l'auteur qui influent sur la criminalité du fait principal nuisent ou profitent au complice.

DROIT DES GENS.

1. Un état neutre, régi par les principes consti-
tutionnels modernes, viole la neutralité en laissant construire dans ses ports des vaisseaux destinés à l'un des belligérants.

2. L'art. 14 du C. civil ne s'applique pas aux gou-
vernements étrangers.

Vu par le Président de la thèse,
J.-E. LABBÉ.

Vu par le Doyen,
G. COLMET-DAAGE.

Permis d'imprimer :
Le vice-recteur de l'Académie de Paris,
A. MOURIER.

A. PARENT, imprimeur de la Faculté de Médecine, rue Mr-le-Prince, 31.

www.ingramcontent.com/pod-product-compliance
Lightning Source LLC
Chambersburg PA
CBHW070503200326
41519CB00013B/2698